誰も教えてくれなかった！

業務効率改善のための

Microsoft Teams 活用術

山田榮一

ダイヤモンド社

はじめに

なぜ今「Microsoft Teams」による業務効率改善が必要なのか

世の中のワーキングスタイルは多様化の時代を迎えています。

転機となったのは、2019年に政府主導でスタートした「働き方改革」、そして今般の新型コロナウイルス感染症の拡大です。これらの影響により、リモートワークやハイブリッドワーク（テレワークとオフィスワークを掛け合わせた柔軟な勤務形態）を導入する企業が一気に増えました。

こうした働き方の多様化は多くのメリットがあります。ただしその一方で、過渡期ゆえに上手く対応できず、業務の非効率化や社内コミュニケーションへの支障といったデメリットが発生しているケースが多いのも事実です。

そうした意味でも、**「ハイブリッドワーク時代における業務効率の改善」は、あらゆる企業にとって最重要課題になっている**と考えられます。

そして、この大きな課題を一気に解決に導くオフィスコミュニケーション・ツールが、Microsoft社の「Microsoft Teams」（以下、Teams）なのです。

Teamsはビジネスチャットベースにオンライン会議や情報共有、共同作業など、多角的なアプローチで業務効率改善を可能にするコラボレーション・ツール。新型コロナのパンデミックの影響もあって、**Teamsの契約数は急増し、2021年4月時点で日経255企業の94%が導入**するに至っています。

ところが、導入した企業がすべて業務効率改善を成功させたかというと、残念ながらそうとは言い難い状況があります。

せっかくの"神ツール"を手に入れても、それを使いこなせていない。本来の使い勝手のいい機能を活かしきれず、宝の持ち腐れになっている。こうしたケースが非常に多く見られるのです。

私が以前勤めていたソニーにTeamsが導入されたのは2019年のことです。このツールの使い勝手の良さやもたらされるメリットに、私は導入当初から大いに着目していました。
ただ、ソニーも例に漏れずで、導入してすぐに業務効率が改善したわけではありません。期待したような変化が見られない部署もありました。なかには、既存のメールベースの業務とTeamsによる業務との使い分けが上手くいかず、かえって混乱してしまうケースも見受けられました。
こうした状況を目の当たりにして私が痛感したのは、**「ビジネスツールを"操作できる"ことと"活用できる"ことはまったく違う」**という事実だったのです。

今、書店に行けば、Teamsに関する書籍がたくさん並んでいます。また、「Teams導入セミナー」「Teams使い方研修会」なるものもあちらこちらで開催されています。
しかし、そうした既存の書籍やセミナーのほとんどは「機能解説と操作説明」がメインとなっています。
「Teamsはこんなことができる」「ここをクリックすれば○○ができる」「このアイコンを選択すれば、○○になる」――こうしたことの解説に重点が置かれたマニュアルになっているのです。
もちろんそれも大事です。でも、それ以上に重要なのは「その先」、つまり**「業務を攻略するために、具体的にTeamsのどの機能を選んで操作するか」**ということ。
「仕事を効率よく完了するためにTeamsをどう使うか」「Teamsのメリットを業務にどう反映させるか」――そのフェーズこそが、本来あるべき「Teamsの使いこなし方」と言えるでしょう。つまり、必要なのはTeamsの操作マニュアルではなく、Teamsを使った業務攻略法なのです。
ならば、**Teamsのすべての機能の操作方法を学ぶ必要はありません。**業務に必要な機能だけを知って、それらを上手く組み合わせて有効活用できればそれでOK。それだけで十分に「使いこなしている」ことになるのですから。

ビジネスツールを導入し、最大限にその効果を実感するために必要なのは、操作方法ではなく業務攻略法を知ること。そう確信した私は、設計改革を推進していた役員のサポートのもと、ソニー社内でTeamsの「活用」による業務効率改善の取り組みをスタートさせました。**2019年の導入から約2年間で、延べ3000人の受講者を相手に社内セミナーを開催**し、ソニー社内でのTeamsによる業務効率改善に少なからず貢献できたものと自負しています。

私は現在、ソニーを離れてITワークスタイルコンサルタントとして活動しています。

本書は、そんな私がセミナーで紹介している「Teamsの基本機能を活用し、チーム作業を最速にする業務攻略方法」をまとめたものです。

コンセプトは「Teamsの操作を学ぶのではなく、Teamsを使って業務をどう効率化するか」を知る。操作説明もそのアプローチに必要になるものだけに限定し、「Teamsをチーム業務にどう活かすか」に重点を置いています。

そのため、代表的な機能であるオンライン会議の設定方法や初歩的な使い方にはあえて言及していません。そうした「操作マニュアル」については、数多く出版されている他の書籍にお任せしたいと思っています。

日常的に行われている煩雑化したチーム業務を、Teamsというツールによって、いかに効率化していくか――。**本書ではそのためのアプローチを、簡単で実践的、継続的で職種にかかわらず効果を出せる3つのテクニック**として紹介しています。

チーム業務を統括するリーダー的立場の人はもちろん、チームで働くすべてのビジネスパーソンに、ぜひともこれらのテクニックを身につけていただきたい。みなさんの仕事は確実に変わります。

さらに本書をきっかけに、みなさんのなかに「Teamsをもっと知りたい。もっと幅広く使いこなしたい」という意識が芽生えてくれたら、より一層うれしく思います。

ITワークスタイルコンサルタント
山田榮一

誰も教えてくれなかった!
業務効率改善のためのMicrosoft Teams活用術

CONTENTS

第4章　よくある質問 Q&A

●注意事項：
本書の操作は、2022年11月末にMicrosoft Teams上で動作確認を行いました。今後のバージョンアップにより、画面のデザインや機能が変更になる場合があります。
また、所属されている会社の運用ポリシーにより、一部運用されていない機能があります。

序章

Microsoft Teamsで業務効率を爆上げする！

POINT

ここでは、本書の最終目的である「チーム業務の効率改善」をどう考えるか、そのためにMicrosoft Teamsのどんな機能が役立つのか、について解説します。

1 「業務効率改善」が目指すゴールとは？

組織が目指す3つの「業務効率改善」のポイント

働き方の変容が求められている昨今、多くの企業や組織がテーマに掲げて取り組んでいるのが、業務効率の改善、業務の効率化です。業務効率改善とは、「業務におけるムダを削減して、より効率的に業務を進める」こと。その取り組みで組織が目指す「到達すべきゴール」は、大きく分けて**「①時間の短縮、②業務の質の向上、③効率改善の継続・常態化」**の３つになります。

①時間の短縮

１つ目のゴールは、業務を分析・改善し、「省けるはずのムダな作業」を削減することによってもたらされる**物理的な「労働時間の短縮」**です。

労働時間の短縮は、ムダな残業を減らすというメリットを生みます。残業が減ることで、従業員はプライベートな時間が確保できてワークライフバランスが向上し、企業も残業代などの人件費を削減できます。

②業務の質の向上

効率改善によって生まれた時間的余裕を、「やるべき仕事に、より多くの時間を割く」「考える時間やクリエイティブな作業をする時間に充てる」「新たな業務やイノベーションに投下する」などに有効活用できれば、業務の質向上、ひいては業績向上にもつながります。

さらに、ムダな作業が減って労働時間が短縮されると、疲労やストレスなどの身体的・精神的負担が軽減され、仕事への集中力やモチベーションが高まるというプラスの影響も期待できます。

③効率改善の継続・常態化

効率化の本質を理解せず、メスを入れるべき部分を間違えたり、場当たり的な対応をしていては、一時的には効率化できても長続きしません。

実際に、業務効率改善プロジェクトや取り組み強化が行われている間は効率化が維持できていても、その期間が終了したら元の木阿弥——というケースが非常に多く見られます。

効率化の取り組みを一過性で終わらせず、しっかり継続させること。さらに、朝起きたら歯を磨くのが当たり前であるように、意識しなくても自然に効率的な業務が行われるようになるまで定着させること。

組織内でムダを省いた業務が習慣化され、常態化することこそ、目指すべき業務効率改善の最終ゴールとなります。

これら３つのゴールを目指すことで、社員にとっては働き甲斐のある、楽しい職場環境が実現します。一方、会社としてもそれらの効果が利益に結び付く「儲け方改革」を推進できるという大きなメリットが得られます。

図1　「業務効率改善」が目指す３つのゴール

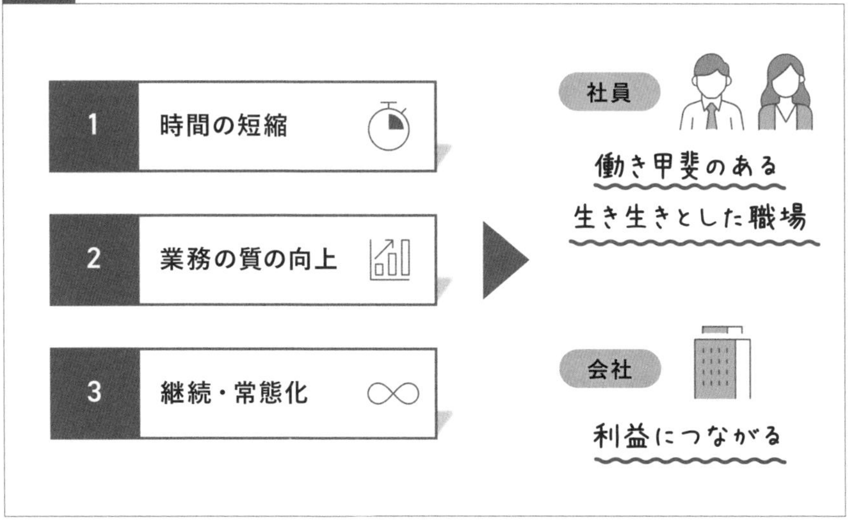

1 時間の短縮
2 業務の質の向上
3 継続・常態化

社員
働き甲斐のある
生き生きとした職場

会社
利益につながる

2 効率改善が上手くいかない「失敗の根源」

あなたの「業務効率」を阻む3つの落とし穴

しかしながら、「業務効率改善に着手したのはいいけれど、思うようにいかない」「せっかく導入したITツールが効果的に機能しない」というケースも少なくありません。なぜ効率改善が上手く進まないのか。大きな原因として考えられるのが、以下に挙げる「3つの落とし穴」です。

【落とし穴①】「IT導入＝改善達成」という勘違い

作業現場にITツールを導入した時点で、「業務効率は改善された」と思い込む――こんな勘違いをしている組織をよく見かけます。

ITツールの導入は、あくまで「手段」の1つ。導入したITツールが現場で有効活用され、その効果によって実際に業務効率が改善されて初めて、目的が達成されたことになります。

あなたの組織はどうなりたいのか、何のためにそのITツールを使うのか、それを使って何を変えたいのか――**最初に「目的ありき」でなければ、どれだけ優れたITツールであっても効果を発揮することはできません。**

ITツールによる業務効率改善を成功に導くためには、**「目的と手段を混同しない」**という意識が不可欠なのです。

昨今のITシステム導入担当者は、セキュリティ、コンプライアンス、そして複雑な会社の組織構造に対応しながら、ツールが正しく動作するようにインストールし、維持する、という複雑な業務を担ってくれています。それは想像以上に大変なことなのです。「ITツール導入チームがやりっぱなしだから、うちは上手くいかない」。このような声がもし、あなたのチームから聞こえてきた場合は、もう一度IT導入担当者とシステムを使う側が、どうやってこのシステムを使って業務効率を改善していくか、という点をしっかり話し合う必要がありそうです。

【落とし穴②】　機能や操作方法ばかりに意識が向く

世の中の多くのTeamsセミナーは、各機能の操作方法を教える「機能説明型」「マニュアル代読型」のセミナーがほとんどです。このスタイルのセミナーでは、「ここをクリックすると○○が起動する」「このボタンを押すと○○ができる」ということを主に教えています。確かに、こうした基本操作を学ぶことも必要ですが、**いくら操作を覚えても、実際の仕事現場で適切に活用できなければ意味がありません。**

例えば、ゲームをクリアする場合を考えてみましょう。Aボタンがパンチ、Bボタンがキック、上下ボタンが攻撃、左右ボタンが防御といった操作方法が記載されているマニュアルを読み込むだけでは、ボスキャラを倒すことはできません。実際に役に立つのは、「ステージや敵キャラに応じて、どのように操作を組み合わせて戦えば勝てるか」という攻略法を知り、戦略を立てることなのです。

図2　マニュアルと攻略本の違い

	マニュアル	攻略本
教えてくれること	Teamsの基本操作	Teamsを使った業務効率改善法
効果	学習後、自分で活用法を考えるので、時間がかかる。効果のばらつきが出る。	学習後、すぐに実践できるのですぐに効果が出る。

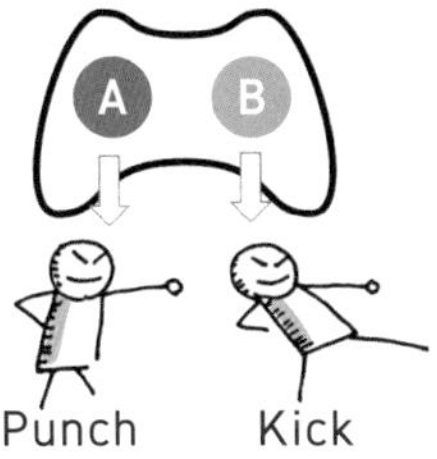

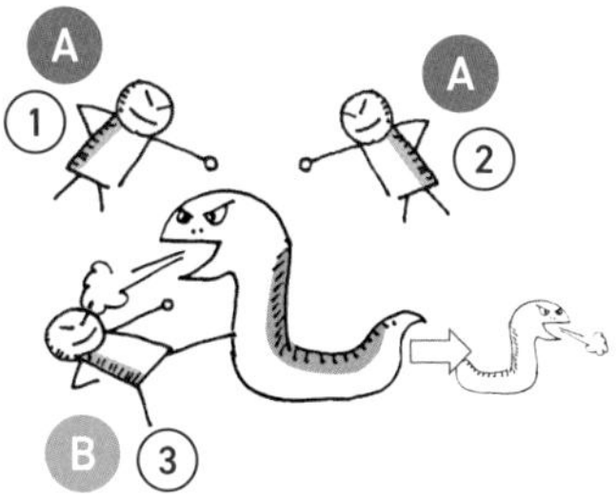

業務効率改善におけるITツールの導入でもまったく同じことが言えます。目的はあくまでも、業務効率を改善すること。このツールなら、あれもできる。こんなこともできる。ならば、その機能を業務のどこで、どう活用して効率化を達成すればいいか。ここに意識を向けることが重要なのです。

ツールの機能や操作（点）を知っていても、機能の組み合わせによる活用法（線や面）として使えなければ、どれだけ予算をかけて高いITツールを導入しても宝の持ち腐れになってしまいます。

【落とし穴③】 改善の押さえどころを間違える

3つ目は「改善の押さえどころ（どこを改善するか）を間違える」という落とし穴です。**図3**は、一般的な企業の業務アーキテクチャを表したものです。

ほどんどの会社の業務は、この構造で成り立っています。一番底辺に業務を論理的に考える論理思考があり、その上に思考を文書に置き換えるための入力作業、そしてそれをさまざまな表現形式に対応させるために、PowerPoint、Excel、Wordなどを使った作業があります。

また、会社では組織で業務を行うため、メールやチャットといった、コミュニケーション作業が存在します。これらの作業は、すべての人が職種に関係なく取り組むべき「基本作業（スキル）」です。

そして、この基本作業の上に部署単位の「標準業務」が行われます。もしあなたの会社がISO9001を運用している企業であれば、部署単位の標準業務のレイヤーは、品質マニュアルや標準作業手順書（SOP）に対応します。

また、個々人の個別作業は手順書等が対応します。

会社として業務効率改善を進める際に気を付けておきたいのが、個人の個別作業の改善や部署単位の標準業務の改善に手を付けがちな点です。これらは取り組みやすい反面、実は効果が限定的だったり、効果を発揮する期間が短かったりします。

例えば、企画部所属のAさんは、毎月複数のITシステムからデータを取

図3　一般的な企業の業務アーキテクチャ

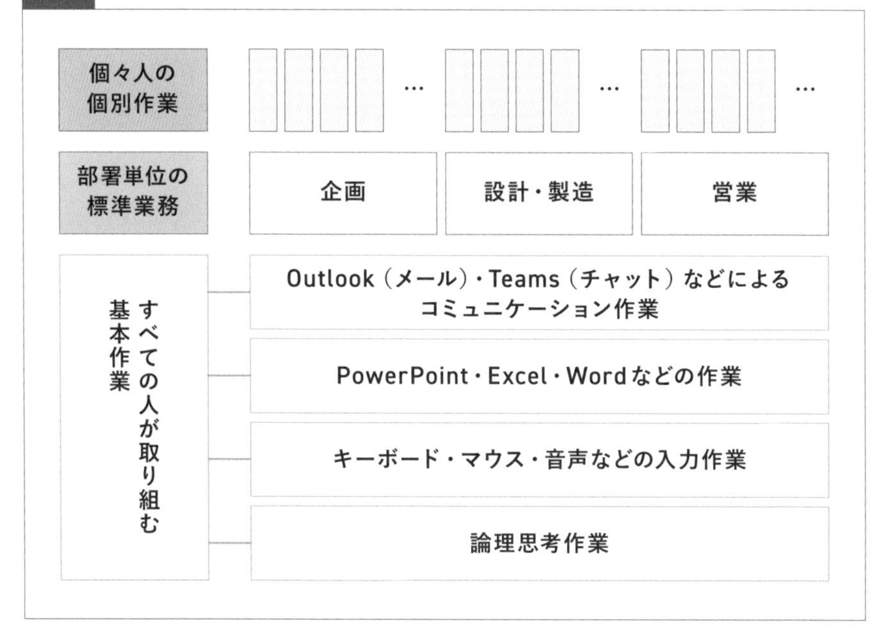

り出し、手動で集計作業を行っているとします。この手の作業は、自動化（例えばRPA）にしてしまえば、Aさんは手動で集計する作業をしなくてもよくなります。

確かに、対策直後は効果が出るのですが、多くの日本企業には人事異動や組織変更、業務プロセス変更がありますから、効果を維持しようとすると、その都度、改修コストが発生するケースがよく見られます。

そして、数多くの自動化を行うと、この改修コストがばかにならなくなります。基本作業以外のところで業務効率改善を行う際は、その業務の持続性を考慮したうえで改善を行う必要があります。

一方、基本作業に当たる部分のスキルは、一度身に着けてしまえば、その効果は持続かつ常態化され、累積されていきます。決して標準業務や個人作業をおろそかにしろと言っているわけではありません。しかし、組織全体の業務効率改善を目指すのであれば、枝葉よりも根っこ（Root of cause＝根本原因）にメスを入れるのが重要なのです。

3 チームにおける業務効率改善3つのキーポイント

カギは「全体の効率化」「脱メール」「業務の標準化」

業務効率の改善を成功に導くポイントは、「チーム全体」「コミュニケーション」「共同作業」の3つの効率化にあると、私は考えています。

①チーム全体の効率化—— One for All, All for One

企業や組織での仕事のほとんどは「チーム」によって行われています。1人の従業員、1人のメンバーの能力やキャパシティだけで完結できる日々の業務は決して多くなく、チームのメンバー同士が連携し、情報共有し、協働することで仕事は進んでいきます。

ですから、**業務効率を考える際には、個人単位だけでなく、チーム全体としての効率アップを念頭に置いた取り組みを行う必要があります。**

極論すれば、部分的なタスクや手間が若干増えたとしても、結果としてチーム全体のトータルな業務効率が上がればいいということ。

チームの一員であるあなたの作業に1つ工程が追加されたとしても、それによって、チームのメンバーそれぞれの工程が1つ減れば、結果としてチーム全体の効率は上がることになります。誰かがひと手間かければ、みんなが楽になる、つまりは効率が上がる。これはたとえるならラグビーで言うところの「One for All, All for One　1人は全員のために、全員は1つの目標のために」の精神のようなもの。

例えば、チームリーダーであるあなたが、10人の部下に業務連絡のメールを送ったとします。その際、議事録や参考資料などが収納されている「ファイル名」だけを本文に入れて送った場合、受け取った部下には、本文で指示されたファイル名を共有フォルダーの中から探し出す、という作業が

図4 チーム全体の効率化を図る

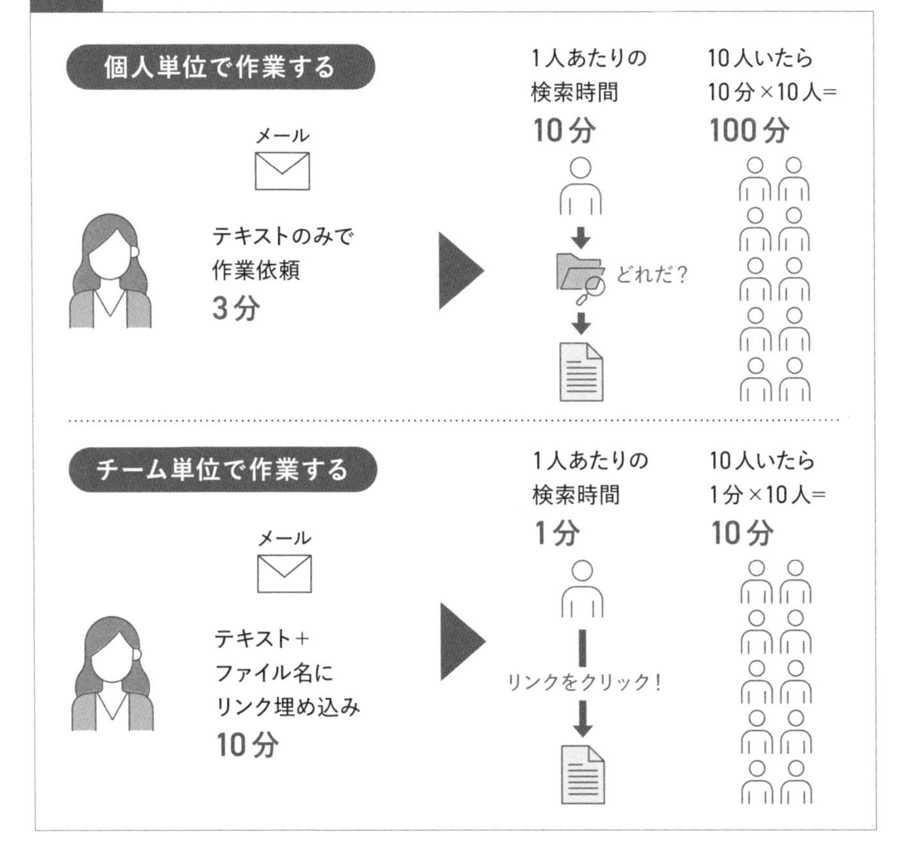

発生します。もし、それぞれがその作業に10分の時間を要したとしたら、チーム全体では100分の時間がかかったことになります。

しかし、あなたがファイル名にリンク先を貼り付けておいた場合はどうでしょうか？　あなたのメールを受け取った部下たちは、そのファイル名をクリックするだけで必要な書類を見ることができます。あなた自身の作業は1工程増えることにはなりますが、10人の部下の作業時間が1分だとしたら、所要時間は合わせて10分。結果的には1／10の時間短縮になるのです。

メンバー全員がこうした**「チームワーク」の意識を持つことが、チーム全体の業務効率改善につながっていく**のです。

②コミュニケーションの効率化——脱メール・コミュニケーション

ここに興味深いデータがあります。

一般社団法人日本ビジネスメール協会が仕事でメールを使っている人を対象に実施した「ビジネスメール実態調査2022」で、以下の調査結果が明らかになりました。

- 1日平均、**16.27通のメールを送信、66.87通のメールを受信**。
- メール1通を読むのにかかる時間は**1分24秒**（平均）。
- メール1通を作成するのにかかる時間は**6分5秒**（平均）。

（一般社団法人日本ビジネスメール協会調べ）

これを基に計算すると、メールを読むのに1日約94分、作成に1日約99分。つまり1日のうち3時間以上もメール処理に費やしていることになります。こうして改めて数値化されると、その時間の長さに驚かされます。

こうしたデータからも、想像以上に多くの時間がメールのやり取りに費やされ、その分、本来の業務に割くべき時間が奪われていることがわかります。

また、この調査ではほかにも**「残業が多いと感じている人ほどメールの送受信数が多い」「残業が多いと感じている人ほどメールに不安を感じている」**といった結果も明らかになっています。

もちろん、メールがビジネスにおいて必要なツールであることは私も否定しません。ただ、メール頼みのコミュニケーションが業務効率にマイナスの影響を及ぼしているケースが非常に多いのもまた事実なのです。

メールのやり取りが増えれば、それに費やす時間も増え、それだけ本来の仕事が圧迫される。便利なツールのはずのメールが業務の足を引っ張ってしまう。これは業務効率改善云々以前の問題と言わざるを得ません。

そう考えると、社内やチーム内におけるメール一辺倒のコミュニケーションは、便利というより時としてむしろ「非効率」と認識して、コミュニケーションの改善を図るべき——。私はそう思うのです。

さらにもう1つ指摘しておきたいのが、「日本式ビジネスメールマナー」

の弊害です。具体的には、メールの冒頭に置かれる「いつも大変お世話になっております」「○○さん、お疲れさまです」といった定型文の存在です。

いちいちこれを書くことで、送る側に余分な手間がかかるのは言うまでもありません。さらに、読む側にもムダが生まれます。メールにあいさつ文が書いてあれば、本題とは関係ないとわかっていても一瞬、その文面に視線が移動します。実は、**それだけのことでも脳にはムダな負荷がかかってしまう**のです。

その点、LINEなどに代表されるチャット形式の会話なら、**「あいさつなし。すぐ本題」というシンプルでスピーディなコミュニケーションが可能**になります。

チャットの作成時間は、メールの1／3程度だとも言われています。チーム内のコミュニケーションに関しては、全社レベルでメールベースからチャットベースに移行する。これだけでも大幅な業務の効率化が図れるでしょう。

③共同作業の効率化――チーム内の業務を標準化する

ラインナップ資料や事業計画、プロジェクトの報告、プレゼン資料作り――。チームでの仕事に多いのが、複数メンバーが「みんなで１つのファイルやドキュメントを作成する」という共同作業です。

そしてその際、チームのリーダーがしばしば直面するのが、

- 各々が作成したファイルの統合に手間がかかる。
- 各々が使用しているフォントや書式（テンプレート）にバラつきがあり、調整が必要。
- ファイル名によるバージョン管理が必要。

といった作業に時間と手間を取られて、本来の仕事が滞るという事態です。

チーム内での共同作業によって生じるムダなタスクを極力減らして、効率化を図る。そのためには、メンバーが**それぞれ“自己流”のスタイルで行っ**

図5 複数の人でファイルを共同編集する場合の問題

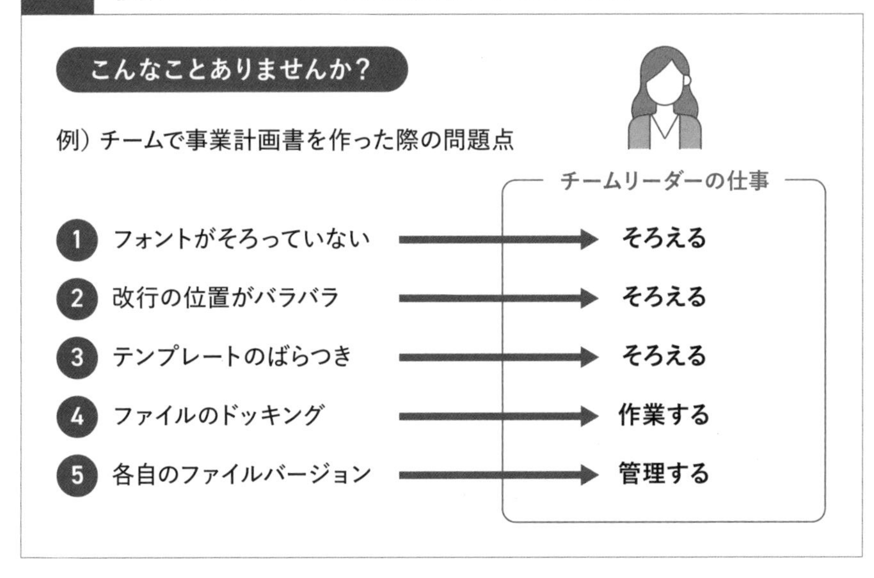

ている業務を「標準化」し、成果物のバラつきをなくすというアプローチが必要になります。

Teamsがもたらす 3つのベネフィット

Teamsでなぜ業務効率が爆上げするのか？

そして前項で述べた**チームの業務効率改善のためのポイントをカバーし、「チーム内のスムーズなコミュニケーション」と「煩雑化した共同タスクの簡略化」を実現してくれるのが「Microsoft Teams」**です。

今やビジネス現場に欠かせないこのツールを導入することでチームが得られるベネフィットは、以下の3つになります。

①使い勝手抜群の複合的コミュニケーション

Teamsを、ZoomやWebexのようなオンライン会議専用ツールだと認識していませんか。だとしたら、実にもったいない。

もちろんオンライン会議もTeamsの重要な機能ですが、それはあくまでもたくさんある中の1つの側面。Teamsの本当の強みは、「チャット」と「チーム」、そして「会議」という複数の機能を兼ね備えた複合的・包括的コミュニケーションツールだという点にあります。

そのため、Teamsを導入すればオンライン会議のときはZoom、チャットをするときはSlack、報告や連絡はメールなどと、コミュニケーションの種類ごとにいちいち別のツールを起動する必要がなくなります。**Teamsだけでほとんどのコミュニケーションを完結できるため、ムダな手間暇をかけず、スムーズにチーム業務を遂行できます。**

②共同作業・ファイル共有が簡単

Microsoft社が提供する「Microsoft 365」の主要アプリの1つであるTeamsには、Microsoft 365の定番ビジネスアプリ（Word、Excel、PowerPointなど）と簡単に連携利用できるという大きなメリットがあります。

Teamsをインターフェースとして Microsoft 365のさまざまなアプリを起動し、統合活用すれば、規格の異なる別ブランドのアプリを組み合わせるよりもシンプルでストレートな作業ができるのです。

メンバー各々がMicrosoftアプリで作成した資料などのファイルはクラウド保存されます。そのファイルをTeams上で起動することで、**メンバー全員でそのファイルを閲覧し、メンバー全員で加筆修正しながら同時にファイル作成を進める共同編集が可能**になります。

③少ない視線移動でストレス軽減&集中力維持

パソコンのモニター上にいくつものウインドウが開いていて、それぞれに目をやりながら作業する――。こうした"ちょっとした視線移動"の繰り返しが作業効率にマイナスの影響を与えることが脳科学的に判明しています。

次々にウインドウを切り替え、そのたびにあちこちに視線を移動し、それぞれの作業について判断や決定を行う。こうしたことを続けていると**脳への負担は少しずつ増加し、そのストレスによる疲れが蓄積していきます。**その

図6 Teams上と、これまでの作業の違い

これまでの作業

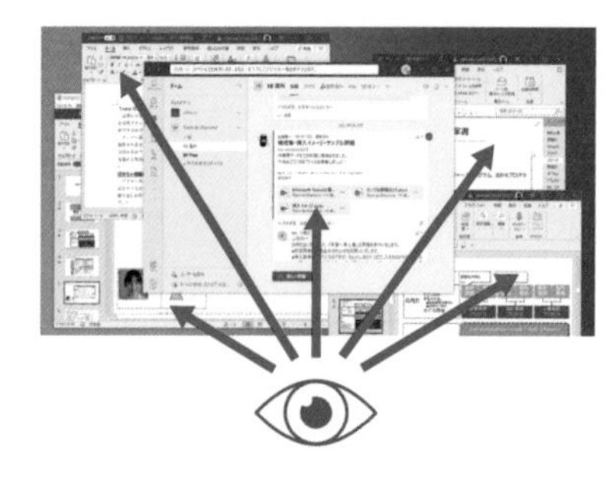

パソコン上に画面がいっぱいで
視線移動が多い

Teams上の作業

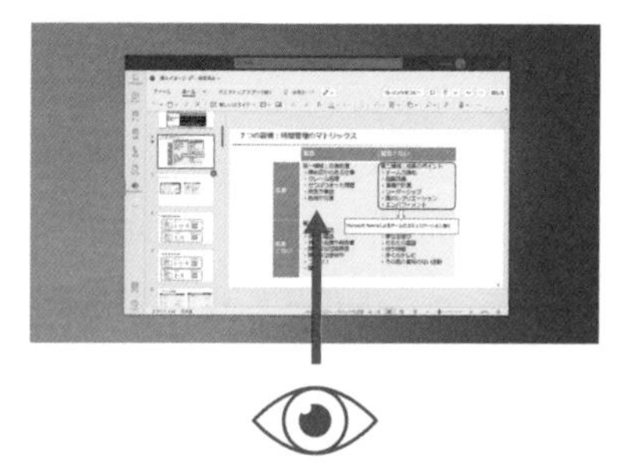

パソコン上に開いているのは
Teamsのみ。視線移動が少ない

結果、**判断力や集中力といった「Willpower(ウィルパワー)」が消耗**してしまうのです。書類やモノが雑然と積み上げられたデスクで仕事をしていると疲れて集中できない、という経験をお持ちの方もいるかと思います。余計なものが目に入ってくると、それだけで集中力が低下してしまう——。ウインドウだらけのモニター画面に向き合って作業する状況もこれと同じ。

その点、Teamsならば連携されているすべてのMicrosoftアプリはTeamsのウインドウ内に起動できます。閲覧や共同編集時に複数のウインドウを開く必要がなくなるため、視線移動によるストレスが少なく、脳への負担も軽減されるのです。

Teamsの導入は、個々のチームメンバーの集中力や意志力の維持・確保にもプラスに働き、それもまた、業務効率の改善につながるのです。

COLUMN

仕事中のWillpower低下に注意!

Willpower(ウィルパワー)とは、意志力のことで、注意や感情、意欲、集中力をコントロールする能力と言われています。このウィルパワーの基盤は、脳の前頭前野にあり、認知を抑制する実行機能や、やる気を制御する報酬系などに関係しているとも言われています。そもそも、ウィルパワー理論は、フロリダ州立大学社会心理学部のロイ・バウマイスター教授が提唱しているもので、教授曰く「決定することが多いと人間は『決定疲れ』を起こし、ウィルパワーが低下していく」のだとか。また、ウィルパワーは有限で、朝の起きたときが最も高く、以降意思決定をするたびに減っていくそうです。つまり、日中のビジネスパフォーマンスをずっと高いままキープするためには、いかに仕事中の「些細な意思決定」を減らしていくかが重要になるのです。

5 Teamsのコミュニケーション構造の基本を理解する

爆上げするために知っておきたい「コミュニケーション構造の基本」

ここからはTeamsを使ってチームの業務効率を爆上げするために、最低限押さえておきたい「Teamsでのコミュニケーションの仕組み」について簡単に解説します。「もう知っている」という人も、ここで今一度おさらいしてみてください。

Teamsの大きなメリットである「複合的なコミュニケーション」を支えているのが、**「チーム（チャネル）」「チャット」「会議」という3つのコミュニ**

図7　コミュニケーションの観点から見たTeamsの構造

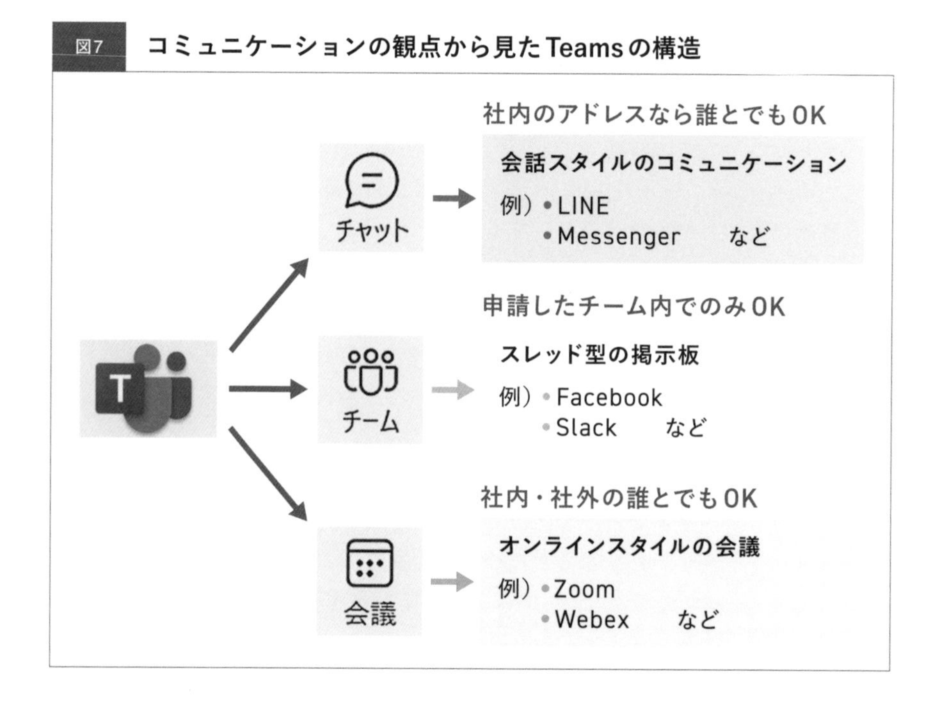

ケーション単位です。

本書では、その中の「チーム（チャネル）」と「チャット」の役割や構造特性、メリット・デメリットを理解し、運用目的に合わせて使い分けることで、よりスムーズなビジネス・コミュニケーションを実現することができる方法を紹介していきます。

①「チーム（チャネル）」を理解する

チームとは、Teamsにおけるコミュニケーションのベースとなる単位で、**共同で作業するメンバーごとに作成**します。

具体的には部署（◇◇局、○○部、△△課など）や複数部署にまたがる長期プロジェクトチームなど、同じ業務に参加するメンバーで構成します。

そしてチームの中に設置される、定例会議や商品設計などの話題を分類・カテゴライズした専用セクションが「チャネル」です。

チーム内での話題や案件を、テーマやトピックごとにチャネルにまとめて細分化&グループ化。**それぞれ個別に会話や作業を行うことで、煩雑化しがちなコミュニケーションを整理することができます。**

1つのチーム内には複数のチャネルを作成することができ、チーム内の所有者権限を持っているユーザーのみがチャネルを追加できます。

また、テーマごとに個別に作成されるチャネルですが、そこでのやり取りはチーム内のすべてのメンバーに共有されます。

限定メンバーだけで作業をしたい場合、例えば人事情報などを扱いたい場合などには、プライベート チャネルと呼ばれる限定メンバー専用チャネルを設定することもできます。プライベート チャネルにはチャネル名の横に鍵マークが表示されます。

適した活用場面

チーム（チャネル）は、部署やプロジェクトチームといった同じ目的の仕事を行うメンバーの集まりとして形成され、隠し事のないオープンなコミュニケーションが原則となっています。そのため、チーム（チャネル）での投

図8 チーム、チャネルの構成画面

チームの構造

Teamsに5つのチームが登録されている例

営業部

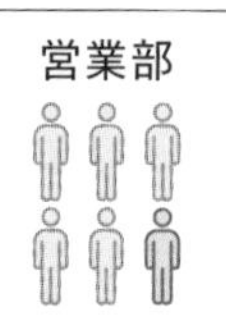

設計部

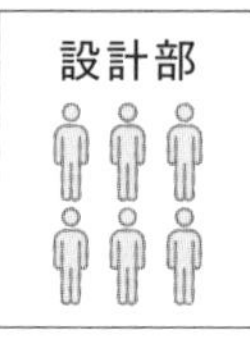

商品A　PJ

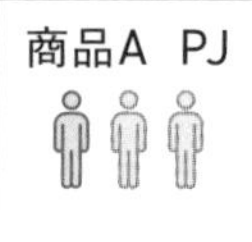

DX PJ

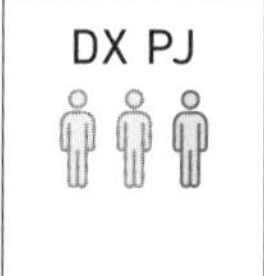

調達部

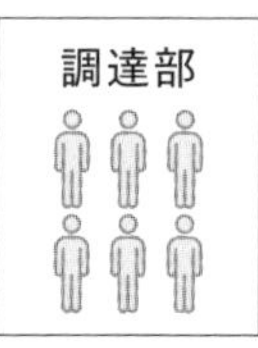

Aさんは
3つのチームに所属している。

AさんのTeamsには
3つのチームが表示される。

AさんのTeams上の表示画面

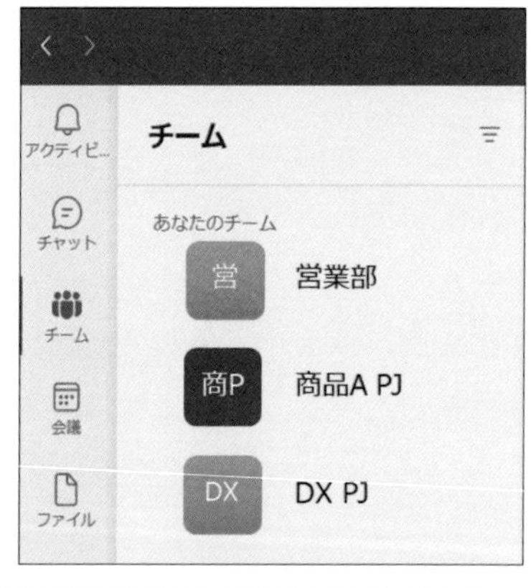

チャネルの構造

商品A　PJ

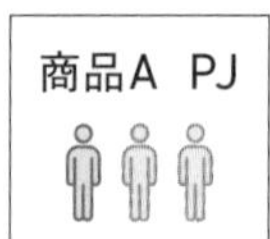

「商品A　PJ」チームで
以下の7つの話題を扱った場合

- 定例会議
- 商品企画
- 商品設計
- 品質保証
- 交渉
- その他
- Cafe（雑談）

AさんのTeams上の表示画面

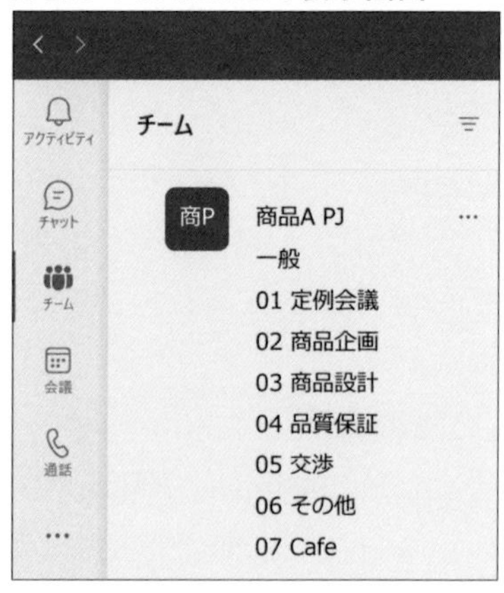

稿コミュニケーションは、「全員参加の定例会」や「プロジェクトの進捗報告」といったチーム全体で行う業務や、全体での情報共有などでの活用に適しています。

表示形式

チャネルは、Facebookなどと同じようにテーマごとにメッセージを仕分けして表示する「スレッド型掲示板」タイプの構造になっています（**図9**）。

チャネル内での投稿は「件名付き投稿」と「返信欄」で構成され、ワンスレッド・ワンテーマのスタイルになります。

チャネルではスレッド（テーマ）ごとの投稿と返信が一覧として表示されるため、過去の投稿の検索や投稿内容の把握がスムーズにできるというメリットがあります。

Teamsでは「スレッドを立てる」という表現はあまり使われませんが、「新しい投稿をする」、イコール「チャネルに新たなテーマのスレッドを立てて会話を始める」という認識でいいでしょう。

図9 チャネル内投稿の表示画面

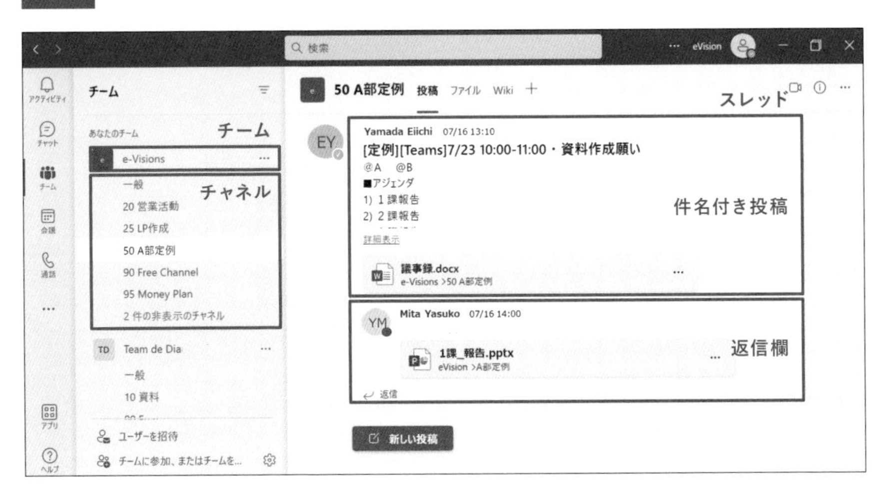

②「チャット」を理解する

チャットはLINEなどのメッセージ交換ツールと同じように、個人やグループでメッセージのやり取りなどが行える機能です。またチャット作業画面からテキストだけでなく音声通話やビデオ通話、ファイルの共有なども可能です。

チーム（チャネル）のコミュニケーションには初期設定が必要であるのに対し、チャットはTeamsに登録されている人であれば誰とでも、新たな申請なしで、コミュニケーションできます。

Teamsには、指定した特定の相手と1対1でやり取りするチャットだけでなく、複数メンバーと会話する「グループチャット」の機能もあります。

適した活用場面

チーム（チャネル）でのやり取りが「オフィシャルでオープン」なのに対して、チャットはプライベート感が強く、よりクローズな会話という位置づけです。

図10 チャットの仕組み

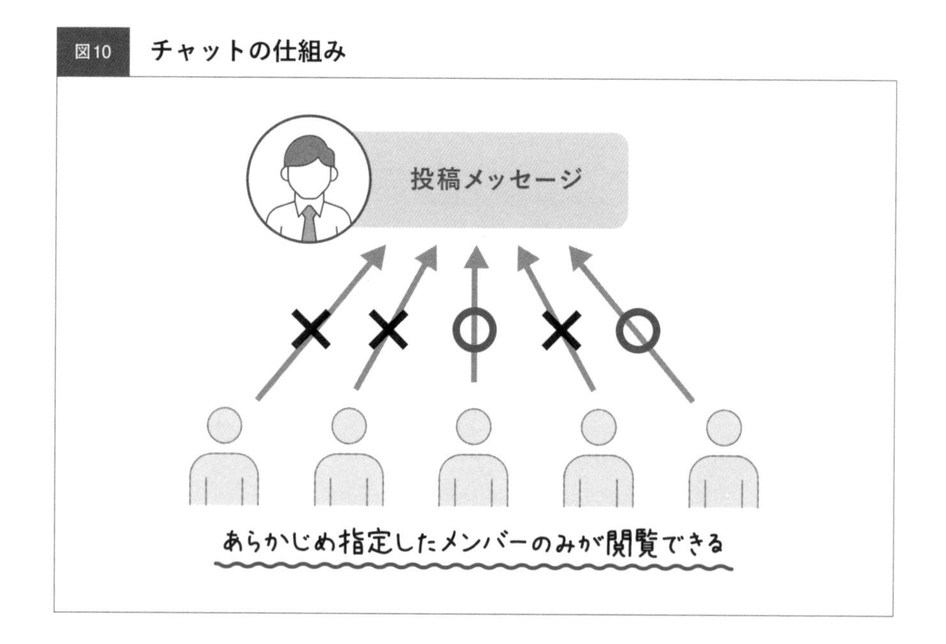

そのため、チーム内の特定のメンバー同士で行う「ちょっとした立ち話」や「相手の席に行ってする相談」「1対1、または少人数での雑談」のようなライトなコミュニケーションに適しています。

メンバー全員に公開されるチャネルと違い、チャットのやり取りを閲覧できるのはチャット内ユーザーだけになります。

表示形式

チャットはLINEのように時間を追って会話が表示されます（**図11**）。

チャットでの投稿はチャネルのようなスレッド型ではないため、件名を付けたりテーマごとに投稿を分けたりすることができません。そのため、複数の話題が混ざってわかりにくくなることもあるので注意が必要です。

図11 **チャット内投稿の表示画面**

チーム（チャネル）とチャット、コミュニケーションの違い

チーム（チャネル）とチャットの用途と使い分け方を理解することで、より効果的にTeamsを使いこなすことが可能となります。ポイントは、どんなときにチャットを使うか、どんな人とチーム（チャネル）のグループを作るか、ということ。具体的にイメージしていただくために、リアルな世界との比較表も作ってみましたので参考にしてみてください（**図12**）。

図12　**チャットとチーム（チャネル）の使い分けをリアル世界で対比**

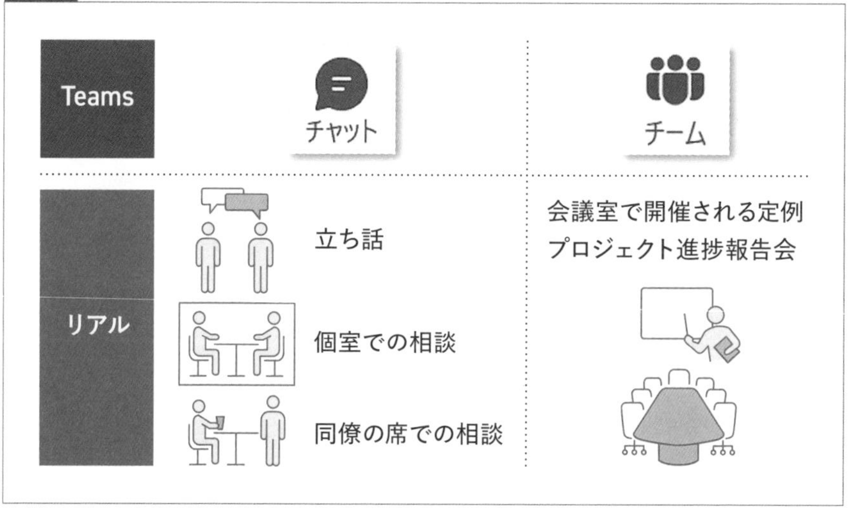

Teams	チャット	チーム
リアル	立ち話 個室での相談 同僚の席での相談	会議室で開催される定例 プロジェクト進捗報告会

Teamsによる「3つの効率爆上げストラテジー」

業務効率アップはこの3つでできる

会社や組織での仕事のほとんどはチーム作業によって成り立っていることはすでに申し上げました。チームによる共同作業と聞くと、その内容は多岐にわたると考えられがちですが、突き詰めていくと、

- 1対1または少人数で、成果物を完成させる**「共同編集作業」**
- チームメンバーで情報を共有し、意思統一を図る**「会議運営作業」**
- 組織を変革し、組織の底上げを図る**「ワークショップ＆セミナー作業」**

という3つの基本作業に集約されます。なぜなら、チームでの業務のほとんどがこの3つの作業の組み合わせで成り立っているからです。

つまり、これら3つの基本作業に特化して効率改善に取り組むことが、結果的にチーム全体の業務効率アップにつながると言えるのです。

そこで次章からは、Teamsの基本機能を活用した、3つのチーム共同作業ごとの「効率爆上げストラテジー（戦略）」を紹介していきます。

名付けて、

①チャットの活用で共同編集作業を簡略化する「Go To Chat」
②チャネルの活用で会議の運営作業を簡略化する「司令塔作戦」
③ワークショップ＆セミナーの運営作業を簡略化する「セミナー大作戦」

これらのストラテジーはすべて、すぐに実践でき、すぐに効果を実感できるシンプルかつハイリターンなものばかり。しかも**Teamsのベーシックな機能のみを使っているため、操作が簡単で新たな操作を覚える必要もありません。**毎日のチーム業務に導入すれば、みなさんの仕事が劇的に変わること間違いなしです。

ではさっそくMicrosoft Teamsを起動して、みなさんの業務効率を爆上げしていきましょう！

COLUMN

コロナ禍が後押ししたTeamsの飛躍的普及

2017年3月14日（米国時間）にMicrosoftが一般提供を開始してから約6年。2021年4月の時点では、日本でのTeamsユーザー数が1億4500万人にまで達しています。

この飛躍的な普及の要因には、新型コロナウイルス感染症の流行によるビジネススタイルの急変があることは間違いありません。

コロナ禍によって在宅勤務のニーズが急増し、部署やチームの中でのコミュニケーションは各々が自宅からリモートで、というスタイルが一気に広まりました。

そんな中、通話やチャット、オンライン会議だけでなく、さまざまなアプリと連携できて、ドキュメントの共有や共同閲覧、共同編集までが可能という使い勝手を誇るTeamsは、リモートワークの中核にふさわしいビジネスツールとして多くの企業から高く評価されたのです。

今もなおバージョンアップを重ねて進化し続けているTeams。これから迎えるアフターコロナの世の中においても、あらゆるビジネスに欠かせない定番ツールとなっていくでしょう。

第 1 章

爆上げ作戦1「Go To Chat」

その仕事、チャットでOKです

POINT

Teamsのチャット機能を活用して、チームでの業務効率を上げる「Go To Chat」作戦を紹介します。このアプローチは、特にチームの複数メンバーで1つのファイルを作成する「共同編集作業」の効率化に絶大な効果を発揮します。

7 脱・メール＆「Go To Chat」で、チーム作業は激変する

メールによる共同編集作業は手間が多い

従来のチーム業務における共同編集作業の多くは、メールを使ったコミュニケーションによって行われてきました。それがデフォルトになっているがゆえに、この方法が当たり前だと思って作業をしている人も少なくありません。しかし、実は**メールベースでの共同編集作業には、無意識のうちにかかっている手間やムダが多く存在している**のです。

例えば、ＡさんとＢさんの２人がプレゼンに使用する資料を作成するにあたって、

- 最初にＡさんがPowerPointで資料のベースを作成。

↓

- それをＢさんが加筆・修正などの編集をして仕上げる。

という方法での作業を行うことになったとします。

これを、「メールと添付ファイル」によるやり取りで進めると、一般的には以下のような手順を踏むことになります。

手順①

ベースとなる資料を作成したＡさんは、『お疲れさまです。プレゼン資料を添付したので編集をお願いします』などという依頼メールを書き、作成した資料ファイルを添付してＢさんに送信する。

手順②

メールを受信したＢさんは、まず、『お疲れさまです。資料の編集の件、

承知しました』という了解メールを書いてAさんに送信する。

手順③

Bさんは、Aさんのメールに添付されているファイルをパソコン上のどこに保存するかを決めたうえで、そのファイルを開いて加筆修正・編集を行う。

手順④

Bさんは、編集を終えたファイルに「別名」を付けて自分のパソコンに保存。

手順⑤

Bさんは、『お疲れさまです。資料を編集しました』という完了メールを書き、そこに別名保存したファイルを添付してAさんに送信する。

――このメールをAさんが受信し、問題のないことが確認できて、ようやく一連のプロセスが完了します。

ただ実際には1回のやり取りだけでは資料が完成せず、「後から追加修正などが発生する」といったケースも少なくありません。そうなると、その度に何度も手順①～⑤を繰り返すことになります。当然、それだけさらなる手間がかかるというわけです。

図13 **これまでのメールベースの業務分担**

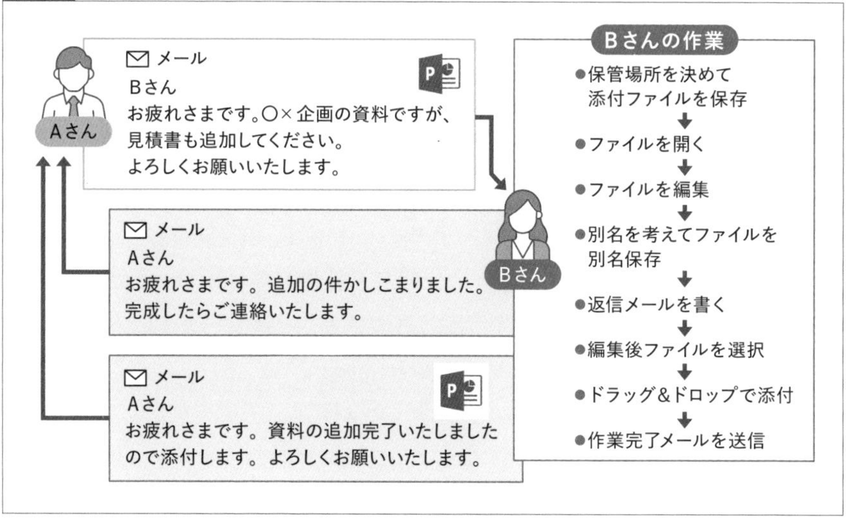

「添付ファイルの送り合い」が抱える問題点

前出の手順からもわかるように、メールでの共同編集作業は、「添付ファイルを自分のパソコンに保存し、自分のパソコン上で作業する」というスタイルで行われるのが基本です。

この方法が日常になっている人は気づいていないかもしれませんが、「業務効率」という視点に立つと、そこからはいくつもの問題点が見えてきます。

例えば、**「思考や判断が多くなる」**こと。

送られてきた添付ファイルをパソコン上のどのフォルダーに保存するか（フォルダー決め）、別名保存する際にどんな名前を付けるか（名前決め）、などの作業が発生します。

本来の編集作業以外に、考えたり判断したりしなければならない要素が多くなるため、それだけ業務効率も低くなってしまいます。さらに、そうした要素が多いほど脳に負担がかかって「思考疲れ・判断疲れ」が起きやすくなり、**業務の質の低下にもつながります。**

また、「ファイル名によるバージョン管理」も問題点の１つです。

自分のパソコンに保存して編集作業をするとなると、その人が自分でファイルのバージョン管理をする必要があります。特に断続的に何度も編集作業を行い、その度に別名を付けて保存を繰り返していると、「どれが最新バージョンかわからなくなる」「最新のものを古いバージョンに上書きしてしまった」といった事態が発生しやすくなるのです。

細かいことを言えば、「パソコン上でファイルが“密”になる」というデメリットもあります。前述したように、**何度も編集を繰り返し、その度に最新版のファイルが増えていくと、デスクトップやフォルダーがファイルであふれかえってしまいます。**

結果、必要なファイルを探すのに時間もかかり、目も脳も疲れてWillpower（判断力や集中力）が低下します。また、誤って作業中のファイルを消去してしまうというミスが発生するリスクも高くなります。

Teamsチャットなら共同編集作業が「超楽&超早」に

こうした数々の問題点をすべて解決し、ムダなく、ミスなく、スピーディな共同作業を実現できるのがTeamsの「チャット」機能なのです。

チャットの最大の特徴は「シンプルでスピーディな会話ができる」こと。メールのように形式ばった、冗長なビジネス文書的表現を用いず、必要な用件だけを簡潔&端的にやり取りできるのがメリットです。

また、チーム申請しなくても、組織に登録されているメンバーであれば誰とでもコミュニケーションできるのも良いところ。チーム以外の人とも、容易に連絡がとれるので、とても便利です。

加えてTeamsの「チャット」のメリットは、チャット画面に直接、Microsoft 365のアプリ（Word、Excel、PowerPointなど）のファイルをアップロード可能なこと。メンバー同士で共同作業をする際も、各々がいちいち自分のパソコンに保存する必要がなく、みんなで画面上のファイルを直接編集できるのです。

例えば先ほど例に挙げた、

- 最初にAさんがPowerPointで資料のベースを作成。

↓

- それをBさんが加筆・修正などで編集して仕上げる。

という作業なら、

手順①

Aさんは作成したベースとなる資料ファイルを、Bさんとのチャットにアップロードし、『資料の編集をお願いします』とメッセージを送る。

手順②

Bさんは、チャット画面上でアップロードされたファイルを開き、直接編集。『編集、終わりました』と完了メッセージを送る。

——たったこれだけです。

しかも、**編集作業を施されたファイルは、その都度チャット上で自動保存され、常に最新バージョンだけが残されます。**そのため、いちいちファイルの保存先や別名保存のファイル名を決める必要がなく、バージョン管理の煩わしさもありません。

Teamsのチャットなら、「保存先で悩まない、ファイル名で悩まない、バージョン管理で悩まない＝3つのない・ない・ない」で、共同作業の効率が大幅にアップします。

「だから、**共同編集作業はチャットにしよう」——これが本章で紹介する「Go To Chat」というアプローチ**なのです。

共同編集作業をメールベースからTeamsの「チャット」ベースに切り替える。このワンアプローチだけでも、チーム業務の効率が爆上がりすること間違いなしです。

「Go To Chat」のより具体的なやり方は、このあと解説します。

図14 「Go To Chat」ベースの作業ならたったこれだけ

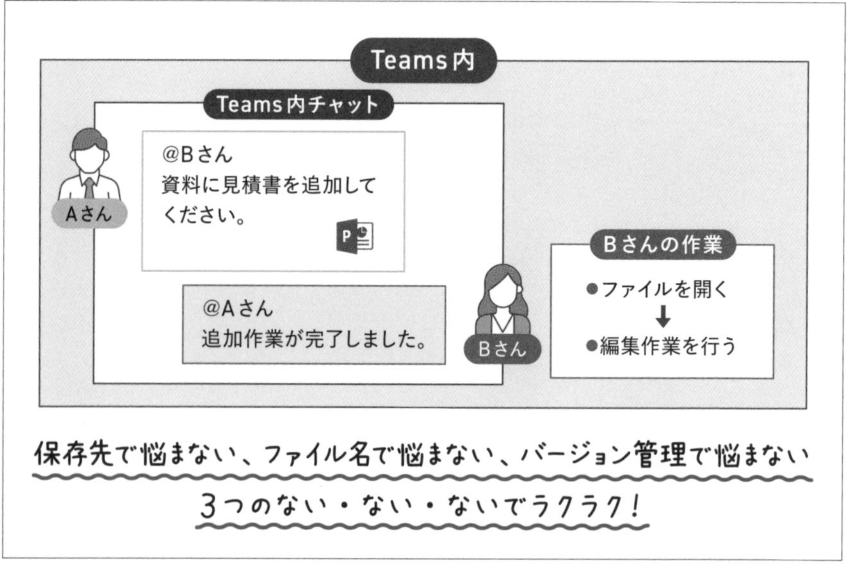

COLUMN

Teams導入のカギはリーダー

Teamsの導入を成功させて業務効率を改善するには、組織のリーダーとなる人が「自分から率先してTeamsを活用する」という意識を持ち、それを実践することが不可欠になります。

組織における仕事の進め方には、現場（部下）の声を上層部が吸い上げて方針を決めていく「ボトムアップ」と、上層部が決めた方針に従って部下が動く「トップダウン」という2つの方式があります。

仕事内容に適した方式を採用するわけですが、特にTeamsのような新しいビジネスツールの導入に関しては、トップダウン方式で進めるべきだと私は考えています。

例えば、部下が上司に対してTeamsのチャットやチーム（チャネル）によるコミュニケーションへの変更を提案しても、上司が「メールしか使えない」「メールに固執して使おうとしない」となったら、部下は上司のやり方に合わせざるを得なくなります。せっかく導入したTeamsが「宝の持ち腐れ化」してしまう原因の多くは、組織のこうした状況にあるのです。

逆に上司やリーダーがTeamsの活用を方針として打ち出し、率先してTeamsでのコミュニケーションを実践すれば、部下やメンバーはそれに従わざるを得ません。結果、その組織ではおのずとTeamsの浸透スピードも速くなります。

私自身、いくつかの組織でTeams導入のお手伝いをしてきましたが、積極的にTeamsを使うリーダーがいる組織は、間違いなくTeamsによる業務効率改善が成功しています。

Teamsはチーム全体を統括するリーダーにとって、業務マネジメントやチーム内コミュニケーションを進める上で、この上ない武器になってくれるツールです。リーダーが「自分のため」にTeamsを活用することが、チーム全体の業務の効率化・活性化にもつながります。

8 「Go To Chat」STEP①
Teamsのチャットでやり取りをする

Teamsのチャットの画面構成

Go To Chatを解説する前に、この作戦の土台となるTeamsのチャット機能の使い方の基本について簡単に説明しておきましょう。

まず、Teamsのチャットの“舞台”となる画面を開きます。チャット画面を起動するには、画面左端にあるアプリバーから【チャット】を選んでクリック（**図15-①**）してください。

アプリバーのすぐ横のウインドウが「チャットリスト」です。ここにはチャットをしている相手メンバーの名前（またはグループ名）が表示されます（**図15-②**）。

リストの上部には、よく連絡を取り合うチャット相手を固定表示（ピン留め）して「連絡先リスト」を作成できます（**図15-③**）。

方法は、名前（グループ名）の右横にある【…】（その他のオプション）をクリック（**図15-④**）し、表示されたウインドウの中の【固定】を選びます（**図15-⑤**）。

チャットリストの下の「最近のチャット」ウインドウは、これまでのチャット履歴が表示されるスペース。新規のチャットを行うたびに更新されていきます（**図15-⑥**）。

画面の中心となるのが「チャットワークスペース」です（**図15-⑦**）。ここでメッセージのやり取りが行われます。

ちなみに、画面右上にある【📞】（受話器型アイコン）をクリックすると「音声通話」が、【📹】（ビデオカメラ型アイコン）をクリックすると「ビデオ通話」がスタートします（**図15-⑧**）。

図15 チャット画面

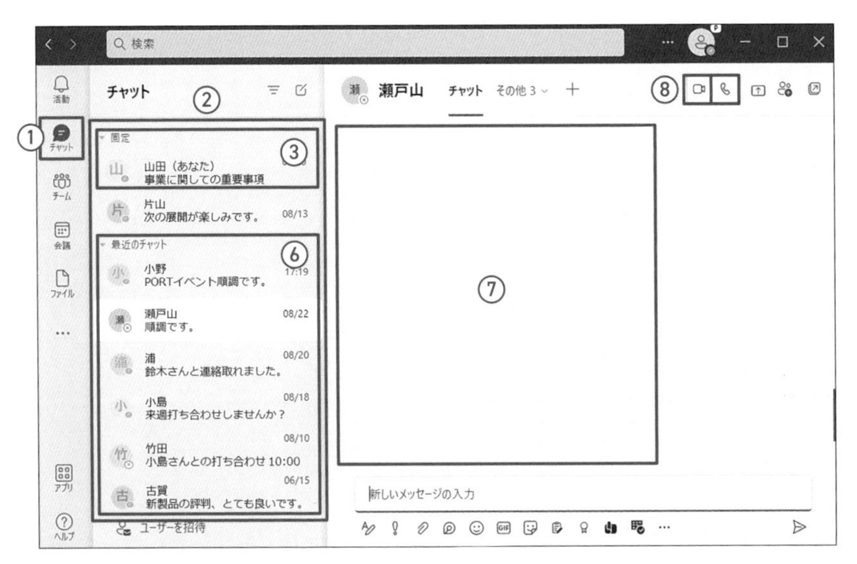
検索
チャット
①
②
③
④
⑥
⑦
⑧
固定
山田（あなた）
事業に関しての重要事項
片山
次の展開が楽しみです。 08/13
最近のチャット
小野
PORTイベント順調です。 17:19
瀬戸山
順調です。 08/22
浦
鈴木さんと連絡取れました。 08/20
小島
来週打ち合わせしませんか？ 08/18
竹田
小島さんとの打ち合わせ 10:00 08/10
古賀
新製品の評判、とても良いです。 06/15
ユーザーを招待
瀬戸山
チャット その他3
新しいメッセージの入力
活動
チーム
会議
ファイル
アプリ
ヘルプ

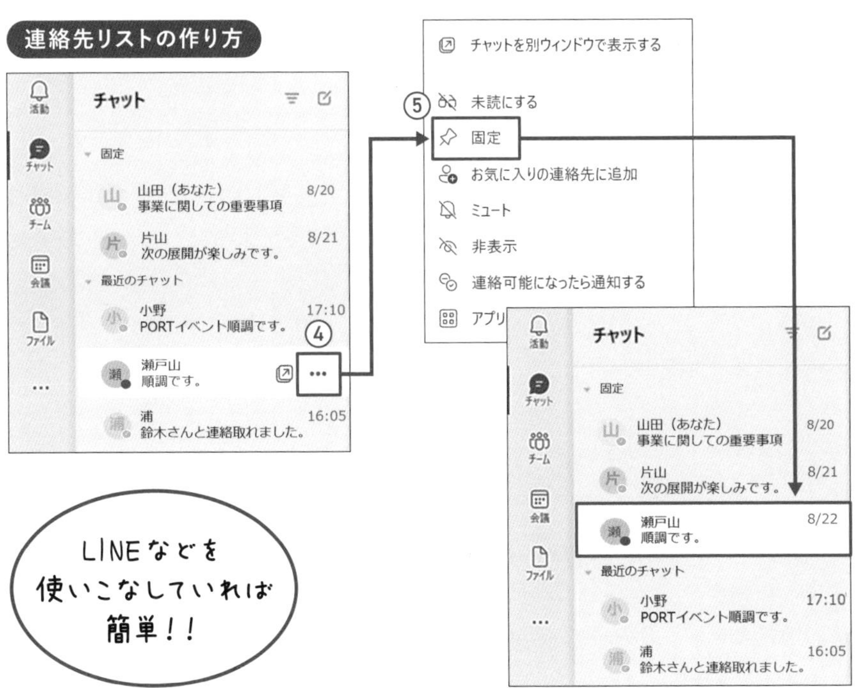
連絡先リストの作り方
チャット
固定
山田（あなた） 8/20
事業に関しての重要事項
片山 8/21
次の展開が楽しみです。
最近のチャット
小野 17:10
PORTイベント順調です。
④
瀬戸山
順調です。
浦 16:05
鈴木さんと連絡取れました。
チャットを別ウィンドウで表示する
⑤
未読にする
固定
お気に入りの連絡先に追加
ミュート
非表示
連絡可能になったら通知する
アプリ
チャット
固定
山田（あなた） 8/20
事業に関しての重要事項
片山 8/21
次の展開が楽しみです。
瀬戸山 8/22
順調です。
最近のチャット
小野 17:10
PORTイベント順調です。
浦 16:05
鈴木さんと連絡取れました。
LINEなどを
使いこなしていれば
簡単！！

チャットの基本①——1対1でチャットする

Teams上で、特定の相手と1対1で速やかに連絡を取り合いたいときに便利なTeamsの「チャット」。そのやり方はとても簡単です。

これまでにチャットをしたことがないメンバーとチャットを始めるときは、新規に相手を指定してから投稿します。

まず、チャット画面左上の【☐】（新しいチャット）のボタンをクリック（**図16-①**）して下さい。

チャットワークスペース上部の検索ボックスにチャットする相手のメンバー名を入力します（**図16-②**）。相手の名前の頭文字を入力し、表示された候補一覧から該当のメンバーを選択します（**図16-③**）。メンバーを選択するとチャット画面が表示されます。

過去にチャットをしたことがある相手の場合は、チャットリストウインドウの【最近のチャット】欄に名前が表示される（**図16-④**）ので、そこから直接選択してもＯＫです。

自分がメッセージを投稿するときも、相手のメッセージに返信するときも、やり方はLINEなどのツールと同じ要領です。

チャット画面下部に表示される投稿ボックスの「新しいメッセージの入力」欄にテキストを入力（**図16-⑤**）、【▷】（送信ボタン）をクリック（**図16-⑥**）すればメッセージ送信完了です。

相手がメッセージを読むと、メッセージ欄の横に【◉】（既読マーク）が表示されます（**図16-⑦**）。

メッセージのやり取りは時系列で下へ下へと表示されます。自分が送ったメッセージは画面の右側に、相手からのメッセージは画面の左側に配置されます。

また投稿ボックスの下には書式やフォントの変更、重要度の設定、ファイルの添付といったテキスト編集用のマークが表示されるので、必要に応じて活用するといいでしょう。

図16 1対1でチャットする場合

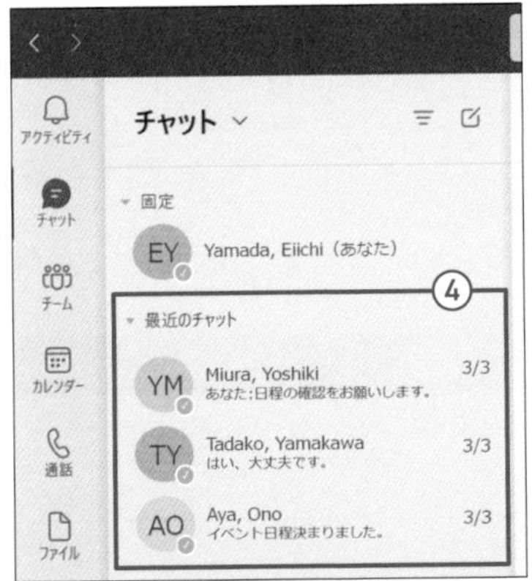

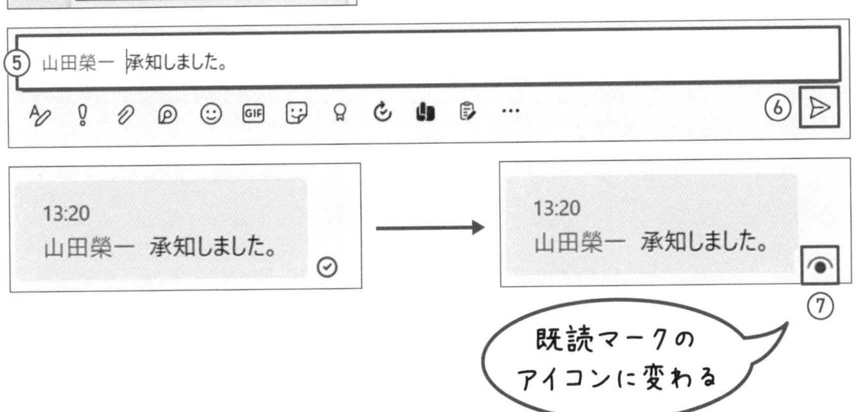

チャットの基本②——グループでチャットする

Teamsの「チャット」には、1対1だけでなく、**複数メンバーと同時に会話できる「グループチャット」機能**もあります。

グループチャットのやり方も非常に簡単で、1対1のチャットと同じようなプロセスで始められます。

チャット画面で【☑】(新しいチャット)を選んだら(**図17-①**)、画面右上にある【∨】(プルダウンマーク)をクリック(**図17-②**)すると、「グループ名:」というグループ作成欄(**図17-③**)が表示されます。

そこでグループ名とグループに参加する複数のメンバーを登録すれば完了です。新しいグループチャットが始まり、画面左のチャット一覧に、そのグループ名が表示されます(**図17-④**)。

図17 **グループでチャットする場合**

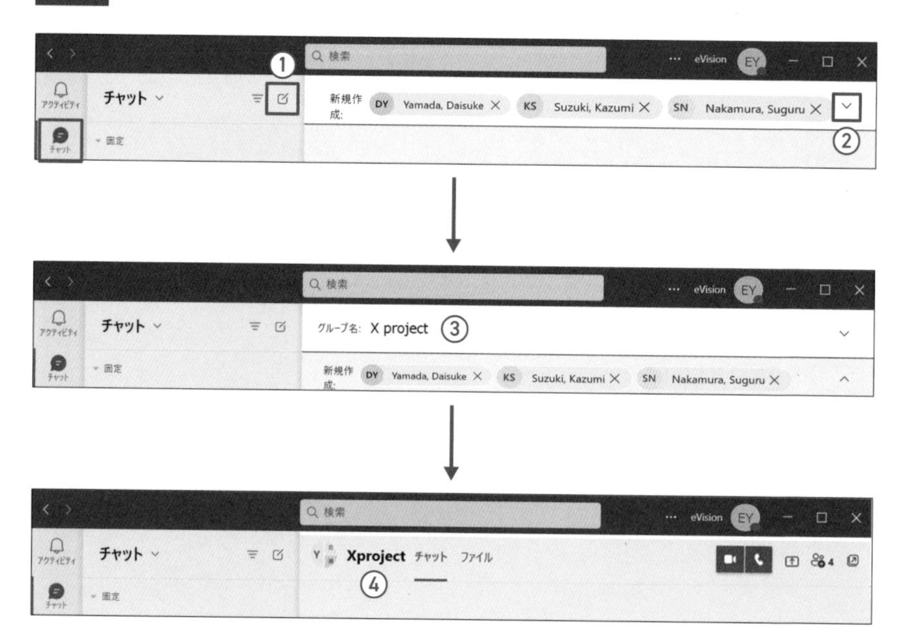

図18 グループチャットにメンバーを追加する

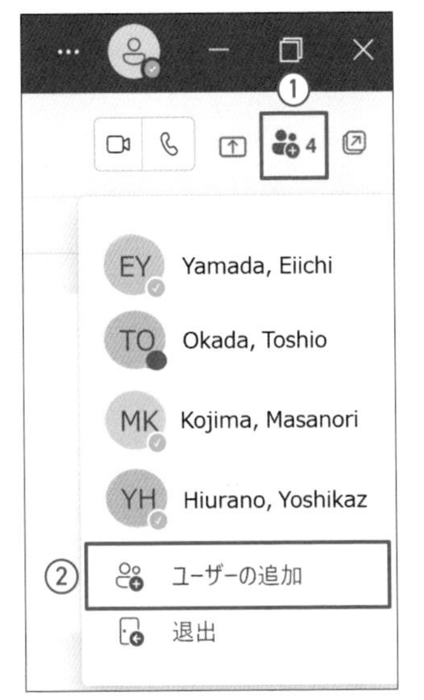

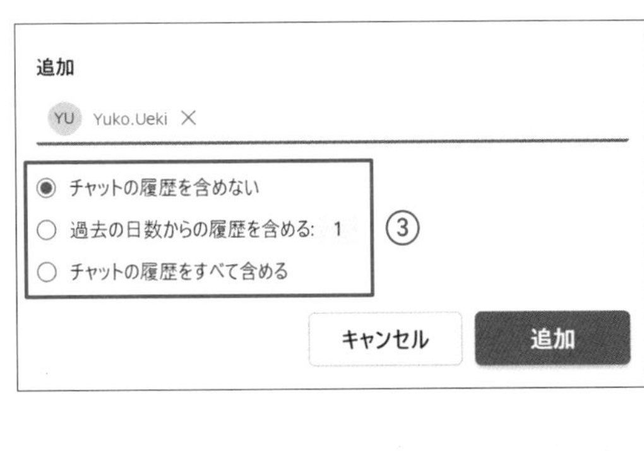

作成したグループチャットに後から新しいメンバーを追加するときは、グループチャット画面右上の【 】(参加者の表示と追加アイコン)をクリック(**図18-①**)し、【 】(ユーザーの追加)を選択(**図18-②**)します。

1対1のチャットでこの機能を使えば、メンバーを追加してグループチャットに変更することもできます。

新たなメンバーを追加する際、それまでのチャット履歴を引き継ぐかどうかを、以下の3つの中から選択します(**図18-③**)。

- チャットの履歴を含めない
- 過去の日数からの履歴を含める(何日前から共有するか設定可能)
- チャットの履歴をすべて含める

グループ名を変更したいときは、チャット画面のグループ名の右にある

図19 グループ名の変更

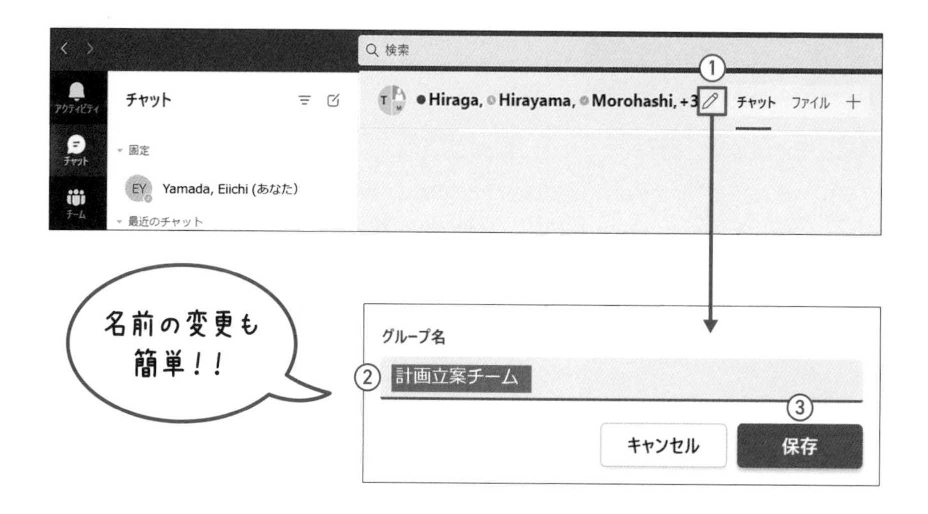

【✎】(鉛筆型アイコン)をクリック(**図19-①**)。表示された画面で新しい名前に変更、保存(**図19-②③**)するだけです。

また、チャットでは属するグループややり取りの相手が増えるにつれ、あなたに関係する投稿がどんどん記入されていきます。そんなときに投稿内容を見過ごさないようサポートしてくれるのがアクティビティ機能です。

アクティビティのフィードを見ていれば、あなたが関係している投稿の状況は一目瞭然です。特に自分宛に特定されたメールが届いた場合、フィード欄では「〇(名前)さんがあなたにメンションしました。」と表示されるので、適切に対応しやすくなります(メンションについてはP.52参照)。

【🔔】(アクティビティアイコン)を開き(**図20-①**)、フィード右横の【∨】(プルダウンマーク)を開いて【フィード】を選択する(**図20-②**)と、チャネルへの自身の投稿(マイ アクティビティ)一覧が表示されます(**図20-③**)。

さらに、【≡】(三本線のアイコン)を選択する(**図20-④**)と、フィルターをかけることができます。フィルター項目は 未読・メンション・返信・リアクション・不在着信・ボイス メール・アプリ(**図20-⑤**)です。

図20 アクティビティ（自分に関係している投稿）

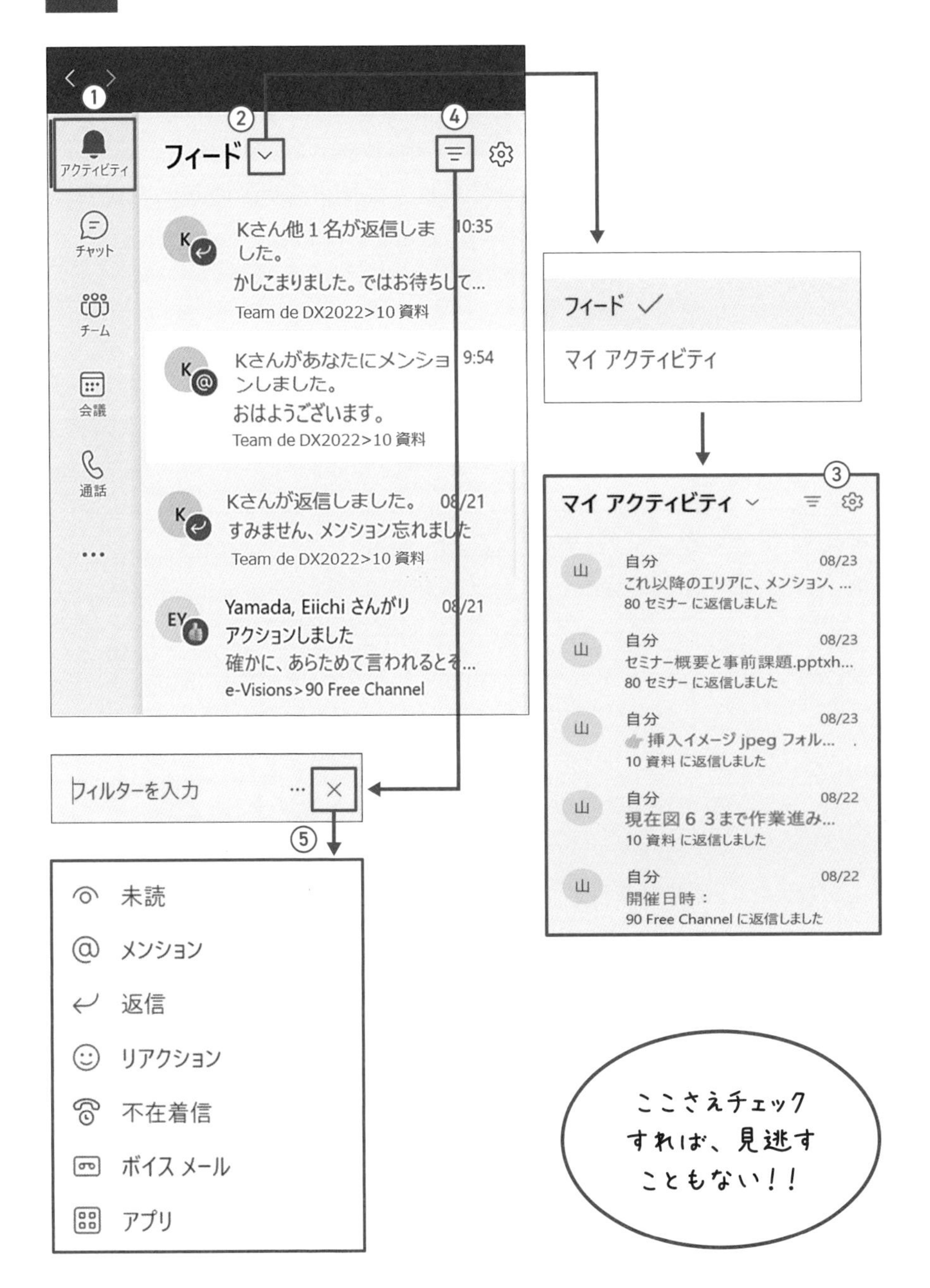

読みやすいメッセージを作成する

チャットはそもそもシンプルなメッセージでのやり取りに適しているのですが、さらに、**「文字のサイズや太さ」「文字色」「絵文字」などでアクセントをつけると、より読みやすく、内容が伝わりやすくなります。**

メッセージの書式をアレンジするには、投稿ボックスの下にある【A✎】(書式アイコン)をクリック(**図21-①**)します。するとテキストを編集できるさまざまなアイコン(**図21-②**)が現れます。

図21 **テキストの入力**

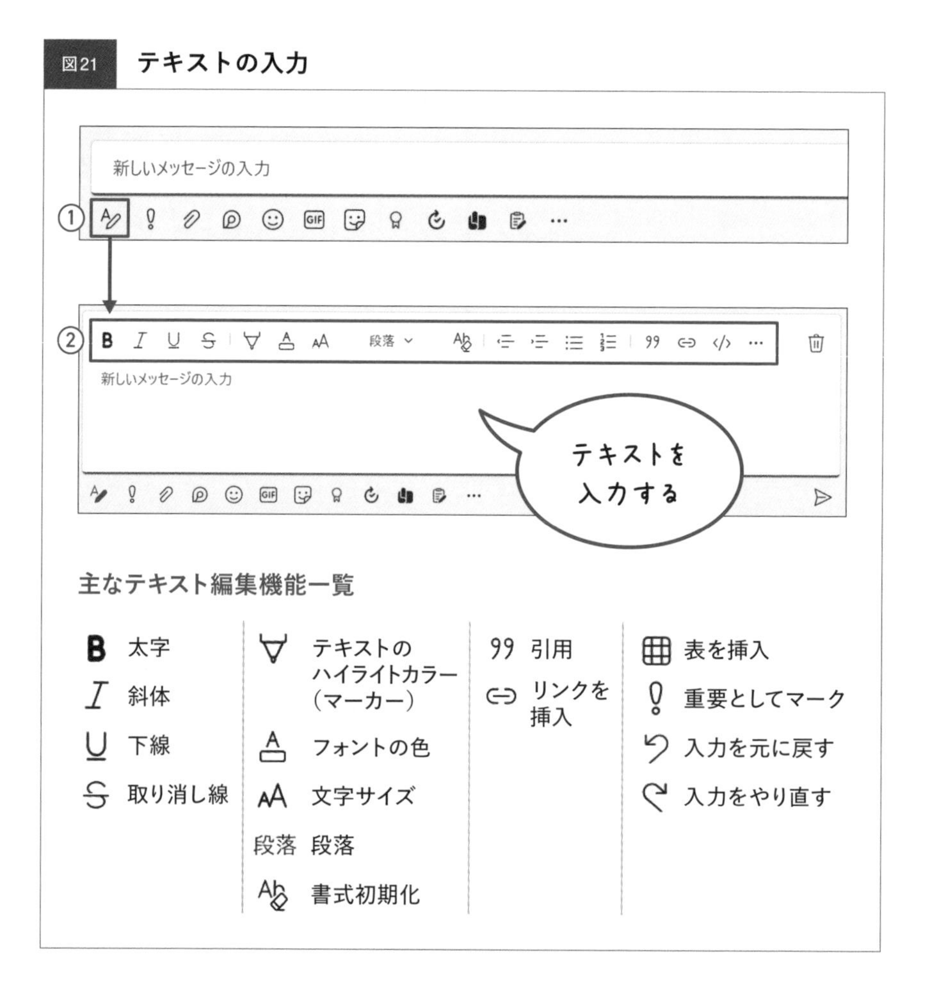

Teamsには多彩なテキスト編集機能があります。**図21**ではそのなかでも、私が普段からよく使っているものを抜粋しています。例えば——。

- **【B】太字**
  強調する箇所の文字を太字にするとき。
- **【*I*】斜体**
  文字を斜めに傾けるとき。
- **【U】下線**
  文章にアンダーラインを引くとき。
- **【S】取り消し線**
  文字を表示したまま取り消し線を引くとき。
- **【∀】テキストのハイライトカラー（マーカー）**
  文字の背景に蛍光ペンで色をつけるとき。クリックして色を選択。
- **【A】フォントの色**
  文字の色を変更するとき。クリックして色を選択。
- **【AA】文字サイズ**
  文字の大きさを変更するとき。クリックしてサイズを選択。
- **【段落】段落**
  見出しや段落で文章に区切りをつけるとき。
- **【Ab】書式初期化**
  編集した書式を元に戻すとき。範囲選択してクリック。
- **【99】引用**
  ほかの投稿から引用した文章を強調するとき。
- **【⇔】リンクを挿入**
  チャットメッセージにURLを挿入するとき。

このほかにも、文字下げをして文章を見やすくする「インデント」や「表を挿入」「入力を元に戻す」「入力をやり直す」などの便利な機能があります。

メッセージの重要度を設定する

相手が仕事でバタバタしているときなど、Teamsチャットでメッセージを送ったけれど「なかなか見てくれない」「送信したことに気づいてくれない」という事態が発生することも少なくないかと思います。

さほど急がない内容ならばともかく、そこそこ緊急を要する用件の場合、気づいてもらえないと困ってしまうでしょう。

そうしたときのために、Teamsチャットにはメッセージの見落としや見忘れを防ぐ「アピール機能」が用意されています。

具体的には、メッセージにマークをつけることで重要度をアピールし、相手に気づいてもらいやすくする、というものです。

重要度のレベルは【⊜】（標準／通常の内容）、【❗】（重要／より重要さをアピールしたいとき）、【🔔】（緊急／大至急知らせたいとき）の3つ（**図22-①**）に設定可能です。

投稿ボックス下の【❗】をクリック（**図22-②**）すると重要度選択メニューがポップアップするので、メッセージの内容に合わせて選択します。

例えば【❗】（重要）を選択して送信すると、相手（またはグループ）には赤い「❗」マークと、テキストの最初に赤い文字で「重要」と記されたメッセージが届きます。

また、【🔔】（緊急）をクリックすると、相手（またはグループ）には、赤い文字で「緊急！」が表示されたメッセージが送信され（**図22-③**）、20分間、もしくはメッセージが読まれるまで、2分間隔でデスクトップ画面右下に繰り返し通知（**図22-④**）が送られます。

図22 重要、緊急のチャットの場合

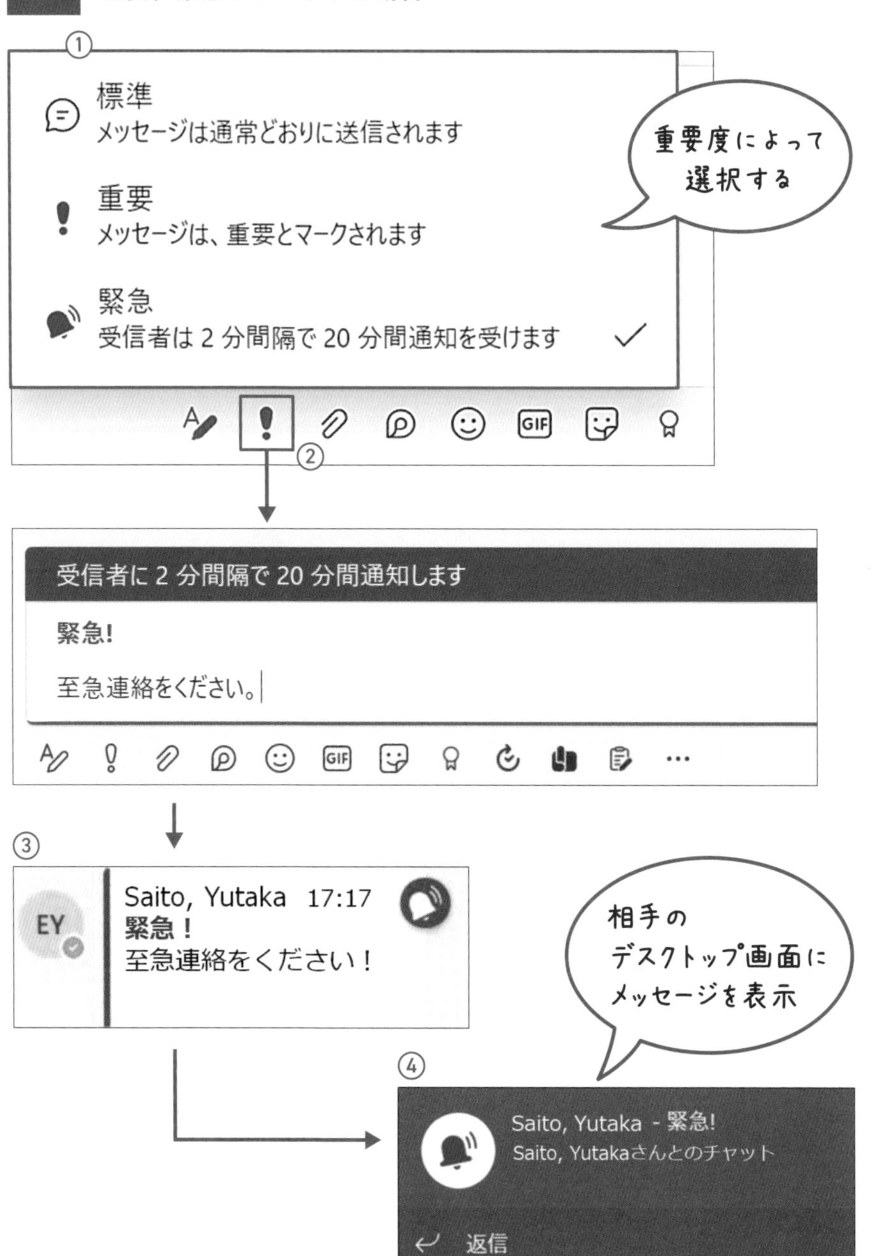

特定の相手を指定して呼びかける「メンション」

メンションとは、チャット投稿時に、「@」の後ろに対象となる人の名前を入力することで、**特定の人に通知を行う機能**のことです。相手にいち早くメッセージに気づいてもらいたいときに活用します。

特にグループチャットをしているとき、**グループ内の特定の誰かにメッセージを送りたいという状況においては必須の機能**です。

グループ内の1人にメンションするときは、まず投稿ボックスのメッセージ入力欄に「@」を入力し、頭の文字を入力します（半角、全角どちらでもOK）（**図23-①**）。するとメンションする候補となるメンバーが一覧で表示されるので、そこからメンションしたい相手を選択（**図23-②**）。これを繰り返すことで複数のメンバーに向けてメンションすることも可能になります。

メッセージ入力欄には選択したメンバー名が青色で表示（**図23-③**）されるので、そこに続けてメッセージを入力して送信します。

図23 **メンションの方法**

メンションされるとバナー通知とメールが届き、バナーはデスクトップ画面右下に表示されます（**図24-①**）。さらに、Teamsのアクティビティフィード欄にも通知が表示される（**図24-②**）ため、見逃しを防ぐことができます。

メンションされたメッセージは左端に赤く線が挿入され、右端に「@」マークが表示される（**図24-③**）ので、受信した相手はひと目で自分宛のメッセージだとわかります。メンションはチーム（チャネル）でも使えます。

図24 **メンションされたメンバーの画面**

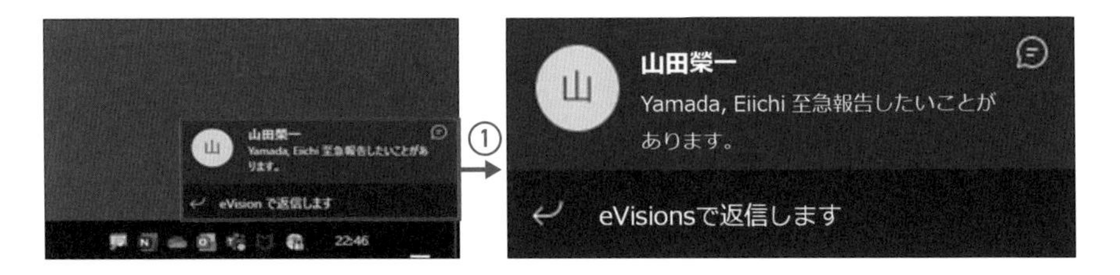

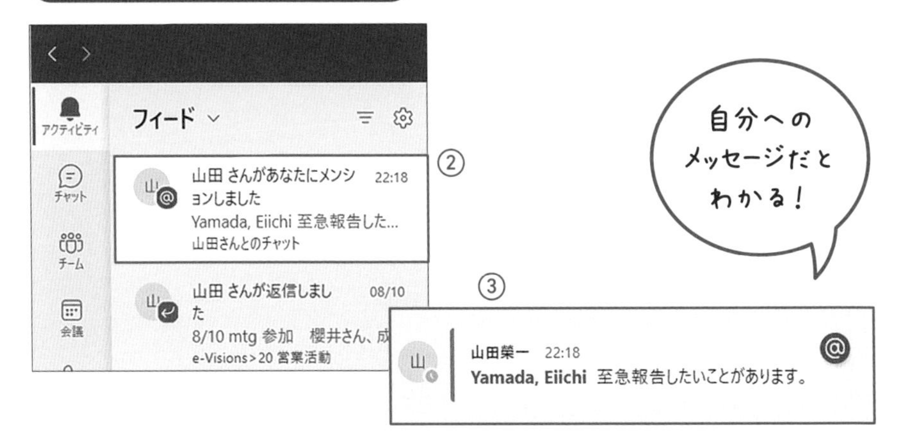

チャットのメッセージにファイルを添付する

Teamsチャットでは、メッセージにファイルを添付して投稿することで、簡単に相手と作成物を共有できます。WordやPowerPointなど、Microsoft 365のビジネスアプリで作成したファイルならば、メンバー同士がチャットしながら編集し合う（共同編集）ことも可能で、これが本章の「Go To Chat」の土台となります。

チャットのメッセージにファイルを添付するには、投稿ボックス下の【📎】（ファイル添付）をクリックします（**図25-①**）。

表示された一覧から、パソコンに保存してあるファイルを添付するときは【コンピューターからアップロード】を（**図25-②**）、OneDriveに保存しているファイルを添付するときは【OneDrive】を選択し（**図25-③**）、該当するファイルを指定（**図25-④**）すればOKです。

また、投稿ボックスのテキスト入力欄にパソコン内のファイルを直接ドラッグ＆ドロップするだけでも添付できます。

チャット上でやり取りされたファイルは、【ファイル】をクリックすれば一覧で表示される（**図25-⑤**）ので、便利です。

図25 チャットにファイルを添付するには

添付したファイルは、ファイルタブから閲覧できる。

9 「Go To Chat」STEP②
Teamsチャットで「共同編集」をする

チャット上の1つのファイルをみんなで編集する

では、実際によくあるケースを例にして、「Go To Chat」による共同編集のプロセスを説明していきましょう。

例えば営業部のAさん・Bさん・Cさんの3人は、Teamsでグループチャットを作っています。今回、3人共同でPowerPointファイル『営業部1Q説明会』を編集することになりました。

このファイルの草案を作成したのはAさんです。そしてAさんは、自分の草案をBさんとCさんの2人に順番にチェックしてもらい、加筆修正などの編集をしてもらうことにしました。ここからが「Go To Chat」のスタートです。

Aさんは――

①Teamsのチャットで、Bさんにメンションし、編集依頼のメッセージを記入。

②そこに『営業部1Q説明会』のPowerPointファイルを添付し、送信。

Bさんは――

①自分がメンションされたチャットメッセージに添付されたPowerPointの草案ファイルを開きます。

②草案の内容をチェックし、添付ファイルに直接、編集作業を加えます。

③編集を終えたら、Cさんにメンションして、作業依頼メッセージをチャットで送信。

Cさんは――

①Bさんと同様に、添付されているPowerPointの草案ファイルをTeams内で開いて、直接、加筆修正などを行います。

②編集を終えたらAさんにメンションし、「編集完了」と送信します。

このときのポイントは、**「ファイルはTeams内で開く」**ということ。

ファイル名の横にある【…】（その他のオプション）を選択し（**図26-①**）、【次の方法で開く】（**図26-②**）を選ぶとファイルを開く方法（Teams、デスクトップ アプリ、ブラウザー）を選択できます。

ここでTeamsを選択（**図26-③**）します。この方法だと、デスクトップアプリへのダウンロードが発生せず素早くファイルを開くことができます。また、スプラッシュ（PowerPointと書かれた起動時のウインドウ）を見る必要もなく、視線移動を低減できます。

それぞれが編集を終えたら、これで3人の共同編集作業は完了です。

Aさんが最初にグループチャット上に添付した『営業部1Q説明会』の草案は、BさんとCさんのチェック&編集を経て「完成形」になりました。

図26　Teams内でファイルを開く

10 「Go To Chat」STEP③ もっと便利に Teamsチャットを使う

「今、チャットして大丈夫？」がわかる――プレゼンス機能

チャットしようとメッセージを送ったけれど、全然リアクションがない。後で聞いたら、相手は別の会議でデスクを離れていたらしい――。

チャットで確認してもらいたい事項があるけれど、相手が今すぐメッセージを読んでくれるかわからない――。

対面ではないリモートやオンラインでのやり取りでは、他のメンバーたちの現在の状況がわからず、「今、連絡しても大丈夫なのか」「今、チャットで会話できるのか」に迷うケースがよくあります。

そんなとき役に立つのが、**「プレゼンス機能」**です。これは、メンバーの現在の在席状況を「連絡可能」「取り込み中」「オフライン」などの表示で確認できる機能になります。

プレゼンス確認は簡単。チャットに限らず、さまざまな画面で表示されるメンバーのアカウントアイコンの右下についているマークを見れば、一目瞭然です（**図27-①**）。

緑の【✓】なら「在席中」なので連絡を取っても大丈夫。【🕓】なら「一時退席中」でしばらく待ったほうがいい。【⊗】なら「オフライン表示」で、Teamsにつながっていないからすぐには連絡が取れないといった具合です。

プレゼンスはパソコンの電源状態（オン・オフ）による自動表示のほかに、手動でも設定することができます。

自分のプレゼンスを手動設定するときは、自分のアカウントアイコンをクリックして在席状態を選択します（**図27-②**）。

特に私のおすすめは、チームとして〈在席中は電話OK！〉などと運用ルールを決めておくこと。チャットより電話するほうが速いケースが多々あります。

図27 プレゼンス機能の表示

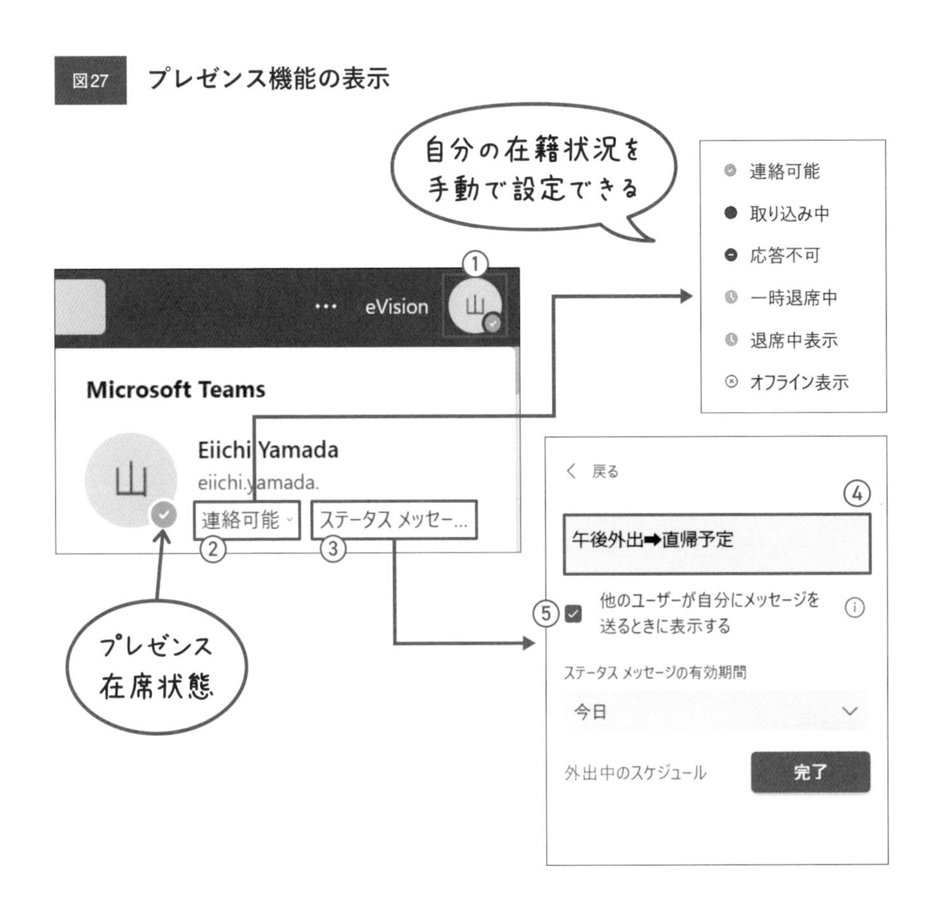

また、たとえば退席時間がすでにわかっている場合は、ステータスメッセージを有効活用するのもよいでしょう。アカウントアイコン右にある【ステータスメッセージ】をクリック（**図27-③**）すると、メッセージ欄が表示されるので、そこに「午後外出→直帰予定」などと記入（**図27-④**）しておきます。こうしておくと、相手があなたのアイコンにマウスオーバーした際に、メッセージが表示されるので、よりスムーズなコミュニケーションが可能になります。

また、「他のユーザーが自分にメッセージを送るときに表示する」にチェックを入れる（**図27-⑤**）と、相手のチャット画面に上記のメッセージが表示されます。

メッセージに貼るリンクURLを簡潔に表示したい

チャットの相手に「このWebサイトを見てほしい」「ここのホームページを参考にしてほしい」というときは、メッセージにそのサイトのリンクを貼り付けるのが一般的でしょう。

しかし、リンクURLは長いものが多く、そのまま貼るとスペースを取ってメッセージが読みにくくなったり、見栄えが悪くなったりしてしまいます。そういうときには、**リンクの「テキスト埋め込み」をおすすめ**します。

リンクを埋め込みたいテキストを選択（**図28-①**）したのち、書式バーの中にある【⊖】（リンクの挿入）を選択（**図28-②**）、またはショートカットキーでCtrl + kを使用します。

リンク挿入のウインドウが開くので、アドレス欄にリンクをコピペで入力し、【挿入】を選択（**図28-③④**）。これでテキストにリンクを埋め込むことができます。

メッセージを受け取った相手は、メッセージの中の「リンクが埋め込まれたテキスト」をクリックするだけで、直接リンクURLのサイトに移動できるようになります。

図28 リンクの埋め込み方法

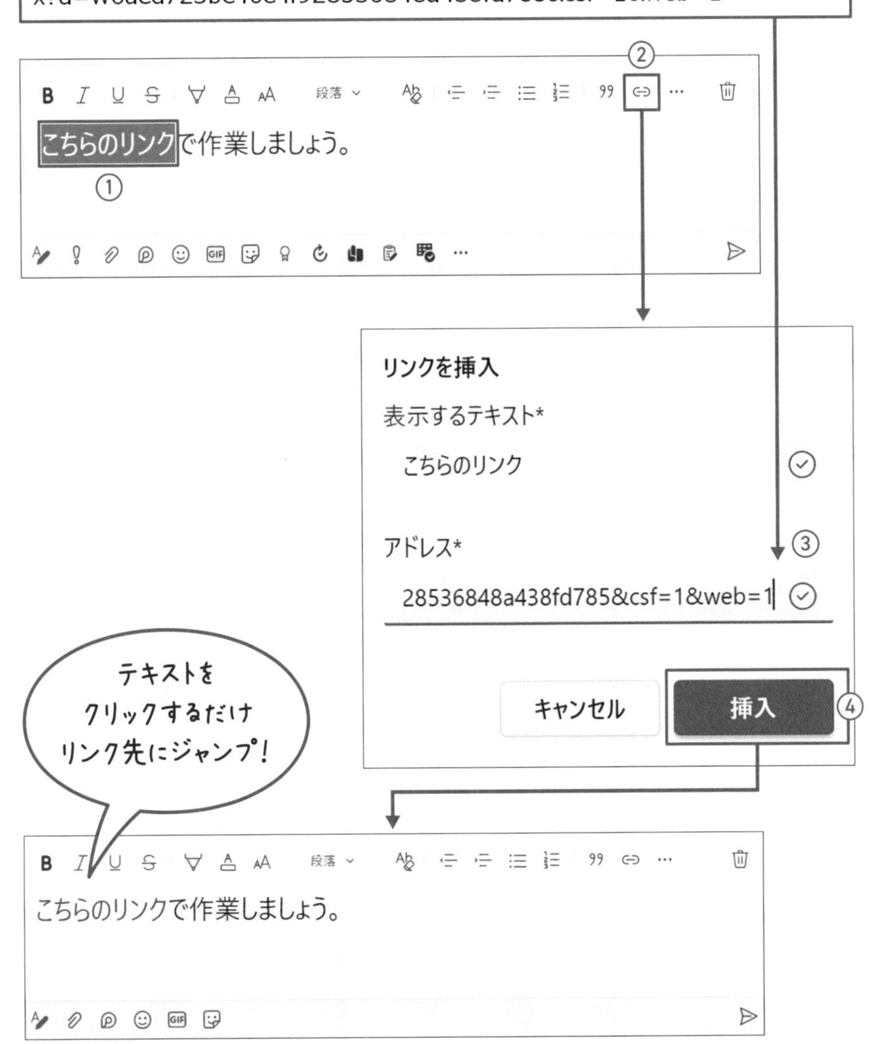

編集する前のファイルを確認したい「あの日に帰りたい作戦」

複数のメンバーで行う「Go To Chat」による共同編集において起こりがちなのが、「共同作業中に意図しない修正が加えられてしまった」というハプニングです。誰もが真っ青になるような状況ですが、焦らなくても大丈夫。**Teamsでは、こうしたトラブルがあっても、いつでもファイルを変更前の状態に復元することができます。**

私はこのリスク回避テクニックを、独自に「あの日に帰りたい作戦」と名付けています。

この方法を覚えれば、変更・上書きされたファイルを変更前のバージョンに戻すだけでなく、**以前のバージョン内容をもう一度確認したいというときにも活用できます。**

例えばチャットで共有しているPowerPointのファイルを変更前のバージョンに戻すには、

①復元したいファイルを開いて、【ファイル】タブから【情報】を選択（**図29-①**）。
②【バージョン履歴】をクリック（**図29-②**）すると、更新者や更新時間が一覧となったバージョン履歴が表示されます（**図29-③**）。
③復元したいファイルを選択し、【バージョンを開く】をクリック（**図29-④**）すると、そのバージョンのファイルが新たな別ファイルとして開きます。
④復元したファイルを新たに保存したいときは、【復元】をクリック（**図29-⑤**）し、新しいファイル名を付けて「別名で保存」します。

図29　ファイルを復元する「あの日に帰りたい作戦」

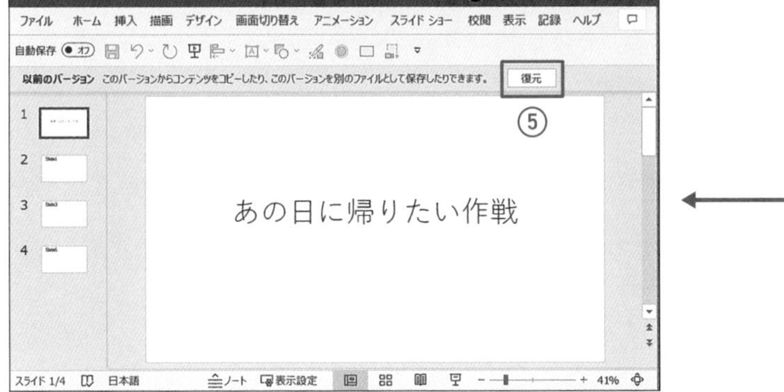

「チャットで作成、チャネルで管理」連携が活用のポイント

Teamsには「チャット」と「チーム（チャネル）」の2つのコミュニケーションツールがあることは前述したとおりです。

本章の「Go To Chat」は、その1つであるチャットを活用した共同編集作業の効率アップアプローチとなります。

チーム内の1対1、もしくは限定的な数人の間で、チャットによるコミュニケーションを取りながらファイルを編集し合い、効率的に、スピーディに資料や企画書などを作成できるのがこのアプローチの真骨頂です。

ただ、チャットは「非スレッド型の表示形式」のため、成果物をそのままチャット内に置きっぱなしにすると、次から次へと交わされる会話の中に紛れ込んでしまいます。また、チャットにアップロードしたファイルは、個人のアカウントに紐づいたOneDriveに保存されます。そのため会社を辞めてしまった後はその人のファイルが取り出せなくなることが起こりえるのです。

つまりチャットは、**効率的な成果物の作成には適しているけれど、成果物のチーム全体での活用や成果物の管理には、あまり適していないのです。**

こうした問題を解決してくれるのが、もう1つのツールである「チーム（チャネル）」です。チーム内の小グループ単位で**「Go To Chat」によって成果物を仕上げる。できた成果物は、チーム（チャネル）にアップして全体で管理・活用する。**これがTeamsのおすすめの使い方と言えるでしょう。

チャットで作って、チーム（チャネル）で管理・活用する。Teamsの機能を十二分に引き出すには、それぞれのコミュニケーションツールの特性を活かして使い分けることが重要なのです。

次章では、チーム（チャネル）を活用して、チーム全体で行う最も重要かつ頻度の高い業務である「会議」の効率化を目指します。

第2章

爆上げ作戦2「司令塔作戦」

その会議設定、あっという間です

POINT

Teamsのチーム（チャネル）機能を活用して、リモート会議の開催・運営における業務を効率化するのが「司令塔作戦」です。メールを使った会議運営でかかっていた「気づかないけれど膨大だった手間」を大幅に軽減することができます。

11 チーム(チャネル)の活用でノンストレスな会議運営を

会議にまつわるムダが業務効率化の壁に

組織やチームの業務効率化が進まない理由の1つに、「ムダな会議やミーティング」があります。

順番に資料を読み上げるだけ、レジュメを配れば済むような報告ばかり、集まること自体が目的になっている——。リアル、リモートという開催形式を問わず、こうした時間を浪費するだけの会議の存在が、業務効率化を阻む大きな壁になっているケースは非常に多く見られます。逆に言えば、ムダな会議の「断捨離」は、業務効率改善の大きなカギでもあるのです。

想像以上に非効率なメールでの会議運営

もちろん、すべての会議がムダというわけではありません。意思決定、方針検討、情報共有、進捗報告や確認など、チームでの業務推進に欠かせない重要な意味を持つ会議も当然、あります。

ただ、そうした必要な会議にも業務効率改善のメスを入れるべき「ムダな手間」や「煩雑化したタスク」が存在しているのも事実。

なかでも注目すべきは、**会議事務局(主催者)が担う「会議運営プロセス」における手間の多さと煩雑なタスク**でしょう。

具体的に挙げるなら、「会議における一定のパターン」は最もメスを入れやすいところです。会議を行う場合、主催者はまず「会議のアジェンダと日程を決めて参加者に開催案内をする」→「発表者(報告事項がある人)に資料の作成依頼を行う」→「議事録を配付する」「出席者の宿題事項があれば、その依頼を行う」ことが必要となります。議題や組織によって違いはあるかもしれませんが、おおよその会議はこのプロセスに沿って開催されます。
事務局は会議のたびにこのプロセスを繰り返さなければなりません。
そして、多くの企業や組織ではいまだに、会議開催時の事務連絡作業がメールベースのコミュニケーションで行われています。これが業務効率化を阻む大きな壁の1つになっているのです。

次ページの**図30**を見てください。これらはメールベースのコミュニケーションによる会議運営手順を図式化したものです。
これは「事務局（主催者）1人、発表者1人」の会議における運営プロセスです。
これを見ると、両者の間で交わされるメールは、実に14通（事務局発10、発表者発4）にも上っています。さらに事務局は、会議運営しやすいように、発表者から添付された資料を、会議用フォルダーに別名保存する作業が3回、発生しています。
メールでの会議運営では、1対1という最小人数会議にもかかわらず、「14通のメール+3回の別名保存＝17の手順」が行われているのです。

もし、この手順を5人の発表者で行った場合、発表者が5倍なら当然、運営手順も5倍。5人での会議では、一斉送信するだけで個別の受信連絡が要らない「開催案内」と「議事録」は1通ずつのままとして計算しても、「62通のメール+15回の別名保存＝77の手順」という非常に多くの手間がかかっていることがわかります。
この数字はあくまでも便宜的に算出したサンプルなので、実際には「77」どころか、さらにそれ以上の手間がかかっていてもおかしくありません。
ただ多くの人はそれに慣れてしまって、手間を手間と思わず、それが当たり前だと考えているのです。
そして、もう1つ忘れがちなことがあります。それは、会議後の資料活用です。あなたの会社（もしくは部署）でも、会議が終わったら、使った資料はもう二度と開かないというようなことはありませんか？　それは非常にもったいない。今回ご紹介する「司令塔作戦」なら、会議で使用された資料

図30　メールベースによる会議運営プロセス

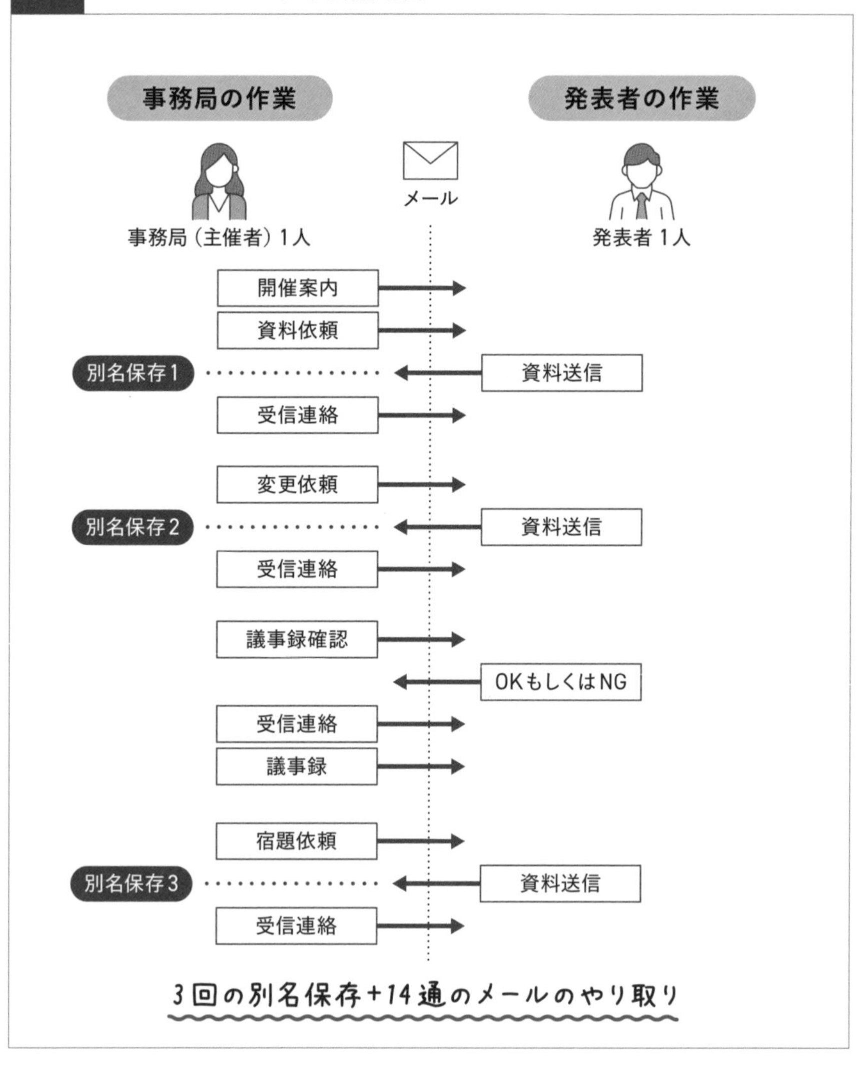

もわかりやすく（検索しやすく）保管しておくことが可能になります。

これから解説する司令塔作戦は**これまでの「当たり前」を覆し、会議運営の在り方を大きく変える画期的なテクニック**となるでしょう。

Teamsの司令塔作戦なら、会議運営手順が1/77に

「司令塔」とは、すべての情報が集まってくる場所。そこには、司令官がいて、組織全体に指示を出します。例えば船であれば、司令官であるキャプテンはエンジンルームに行ったり、マストに登ったり、デッキに赴いたりはしません。キャプテンは常に司令塔にいて、集まってくる情報に対して的確な指示を出し、船を安全に運航していくのが任務です。

これと同様に、Teamsの「チーム（チャネル）」を上手く使えるようになれば、事務局（主催者）は1つの投稿に対して、その投稿に参加するメンバーに指示を出し、監視するだけで会議を運営することができます。

例えば、あなたが会議の事務局（主催者）なら、最初の投稿で適切な指示を出す（このやり方は後ほど詳しくご説明します）ことで、あとは状況を見守っているだけです。

「司令塔作戦」とは、Teamsの「チーム（チャネル）」機能を活用して会議事務局（主催者）が行っている会議運営手順を効率化するアプローチのこと。

その最大のポイントは「One Posting（1つの投稿）だけで完結できる」という点にあります。

前述したようにメールによる会議運営では、会議事務局（主催者）と発表者との間で何度もメールのやり取りをする必要があります。

しかし司令塔作戦の場合は、会議事務局（主催者）がTeamsの「チーム（チャネル）」に会議用の専用スレッドを1つ立てて投稿するだけ。会議にかかわるすべてのやり取り（連絡や確認、共有、共同編集作業など）は、そのスレッド内ですべて行われ、そこで完結できるのです。さらに会議後の宿題や資料の活用促進にも役立ちます。

この作戦なら先ほど例に挙げた77もある会議運営手順が、たった1つの投稿で済む＝手順が「1/77」に効率化されるのです。

どうです、業務効率爆上がりでしょう？　みなさんも、ぜひ覚えて実践していただきたいと思います。

図31 メールベースの方法と司令塔作戦の比較

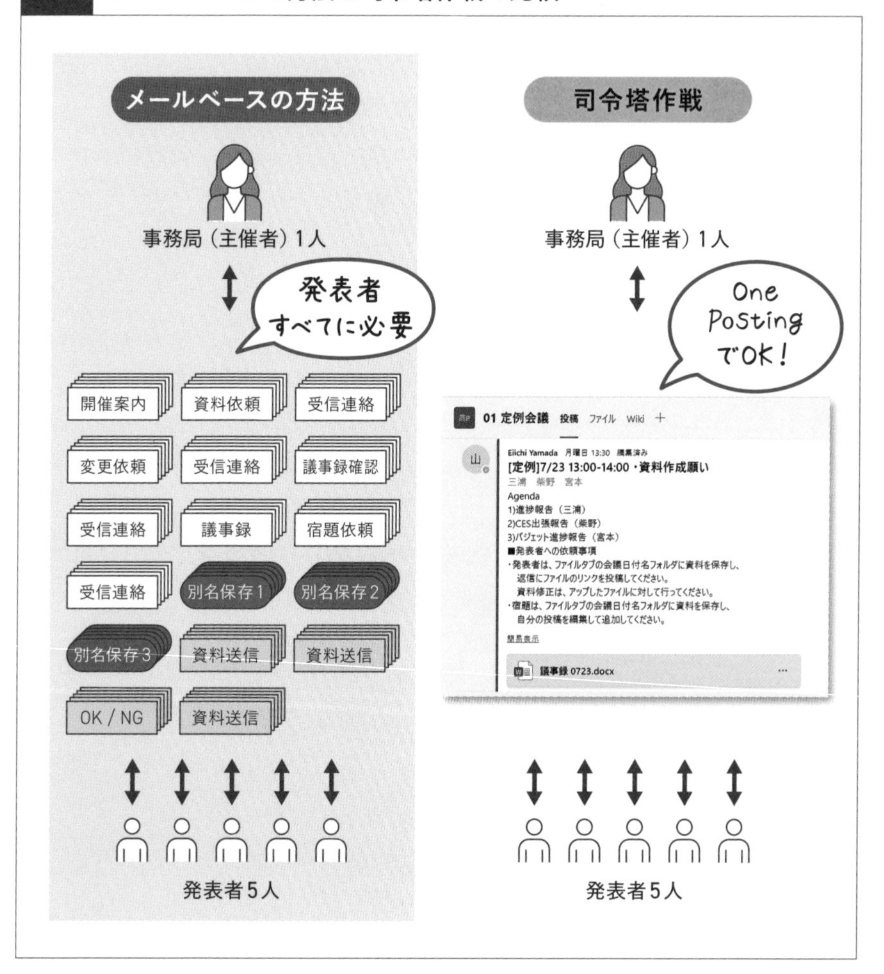

12 司令塔作戦①
チーム(チャネル)の基本を把握する

チーム(チャネル)の画面構成

司令塔作戦の実践に移る前に、作戦に不可欠なTeamsにおける「チーム(チャネル)」の基本を簡単におさらいしましょう。

チーム画面を立ち上げるには、Teams のホーム画面左端のアプリバーから【チーム】を選んでクリックします(**図32-①**)。

チーム画面は大きく分けて、アプリバー横のチーム(チャネル)表示ウインドウ(**図32-②**)と、作業スペースとなるワークスペース(**図32-③**)の2つで構成されています。

チーム(チャネル)表示ウインドウには、自分が現在所属しているチームと、そのチーム内に作成されたチャネルが一覧表示されます。

図32 **チーム(チャネル)の画面構成**

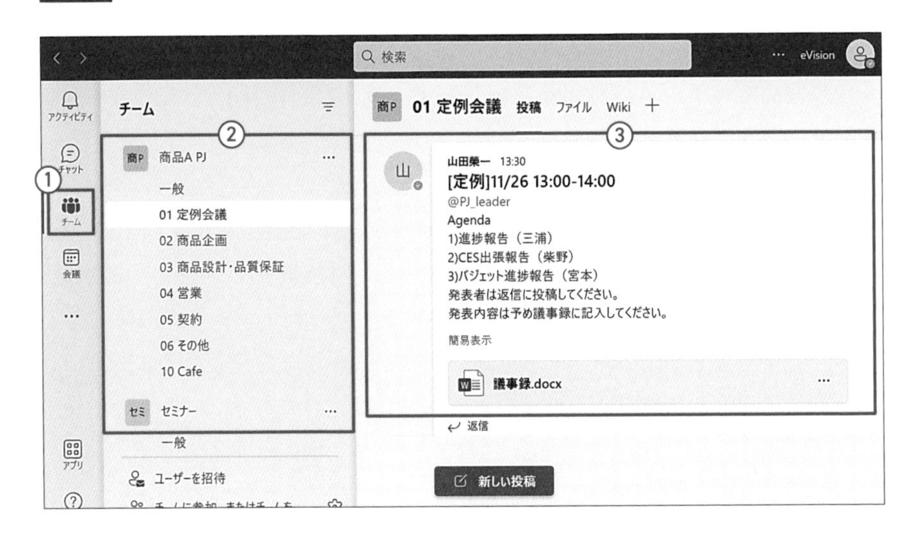

新規でチームを作成する

Teamsにおける「チーム」とは、部署単位やプロジェクト単位といった大きな枠組みで作成するグループのことです。

ここでは、一緒に業務を行うメンバー全員を集めた「チーム」を新規作成する手順を説明します。

新規チームの作成は、「メンバーの誰かが所有者となってチームを作り、その人がチームに所属するメンバーを登録する」という形で行います。つまり、チームを作った人が、その後も所有者としてチーム内の設定や管理を担当するということです。

例えば、あなたが所有者として新規チームを作る場合、手順は以下のようになります。

①まずチーム画面を開き（**図33-①**）、チーム（チャネル）表示ウインドウ下の【チームに参加、またはチームを作成】をクリック（**図33-②**）。すると、ワークスペースにチーム作成画面が表示されます。

②メニューの【チームを作成】をクリック（**図33-③**）、次に表示されるメニューから【最初から】（初めからチームを作成する）を選択（**図33-④**）します。

③次の画面ではチームの種類を選択します。種類は、指定したユーザーのみ参加できる【プライベート】、誰でも参加可能な【パブリック】、全員が自動的に参加となる【組織全体】の３つ。そのなかから目的に合った種類を選択してクリックします。ここではプライベートを選択します（**図33-⑤**）。

④続く画面で、チーム名とその説明を入力して【作成】をクリック（**図33-⑥**）（チーム名や説明は後からでも変更可能）。

⑤メンバー登録画面が開くので、そこで参加メンバーを選択（**図33-⑦**）します。メンバーの選択を繰り返し、最後に【追加】をクリック（**図33-⑧**）すれば選択したメンバーで構成された「チーム」作成は完了です。

図33 新規でチームを作る方法

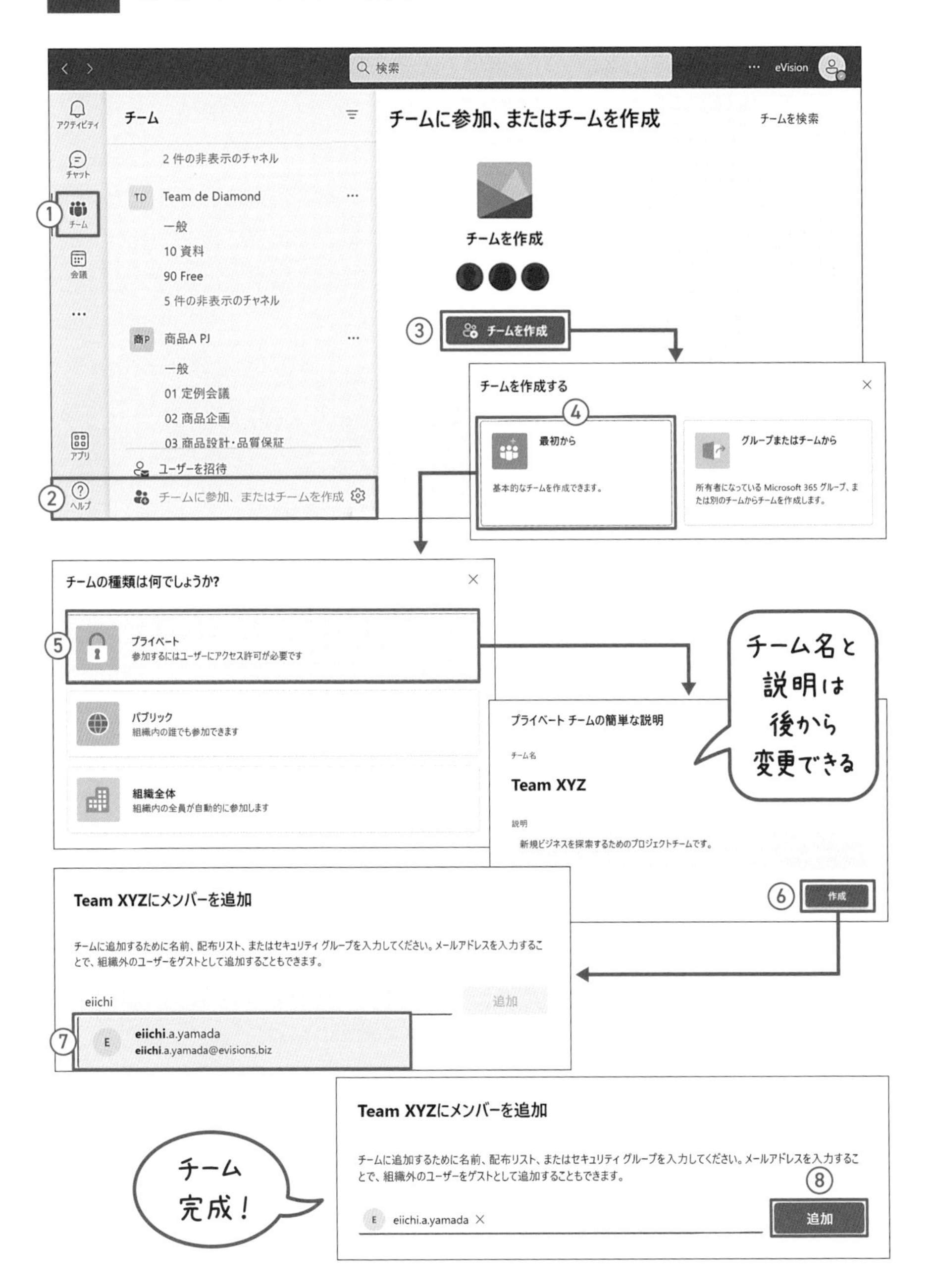

新規でチャネルを作成する

前述したように、**Teamsのチームは「チーム」と「チャネル」の2階層構造**になっています。「チャネル」とはチーム内に作成する、話題やトピックごとに細分化された専用グループのこと。

1つのチームの中に複数のチャネルを作成できます。また、チーム所有者が許可すればメンバー全員がチャネルに追加できます。

では、チーム内に新たにチャネルを作成する手順を説明しましょう。

①チーム画面を開き（**図34-①**）、表示されているチーム名の右側の【…】（その他のオプション）をクリック（**図34-②**）し、開いたメニューから【チャネルを追加】を選択（**図34-③**）します。

②表示されたチャネル作成画面で、チャネル名や説明、【プライバシー】を設定（**図34-④**）します。

③プライバシー（**図34-⑤**）には、誰でも参加できる【標準】と、限られたメンバーだけが参加可能な【プライベート】の２種類があるので、【∨】をプルダウンして（**図34-⑥**）チャネルの用途に合ったほうを選択します。

④【標準】を選ぶと、「すべてのユーザーのチャネルのリストでこのチャネルを自動的に表示します」というチェックボックスが表示されます。そこにチェックマークを入力（**図34-⑦**）して、【追加】をクリック（**図34-⑧**）すればチャネル作成完了です。

一方、【プライベート】を選んだ場合（**図34-⑨**）は【作成】を選び（**図34-⑩**）、表示される画面でメンバーを選択（**図34-⑪**）し、【追加】をクリック。メンバー選択が行われると完了ボタンが現れます。メンバー追加完了後、これをクリックすれば、チャネルが作成されます。

⑤チャネルが作成されると、「チーム（チャネル）表示ウインドウ」のチーム名の下に、作成したチャネル名が表示されます。【プライベート】で作成したチャネルの場合は、チャネル名の横に鍵マークが表示（**図34-⑫**）されます。

図34　新規でチャネルを作成する方法

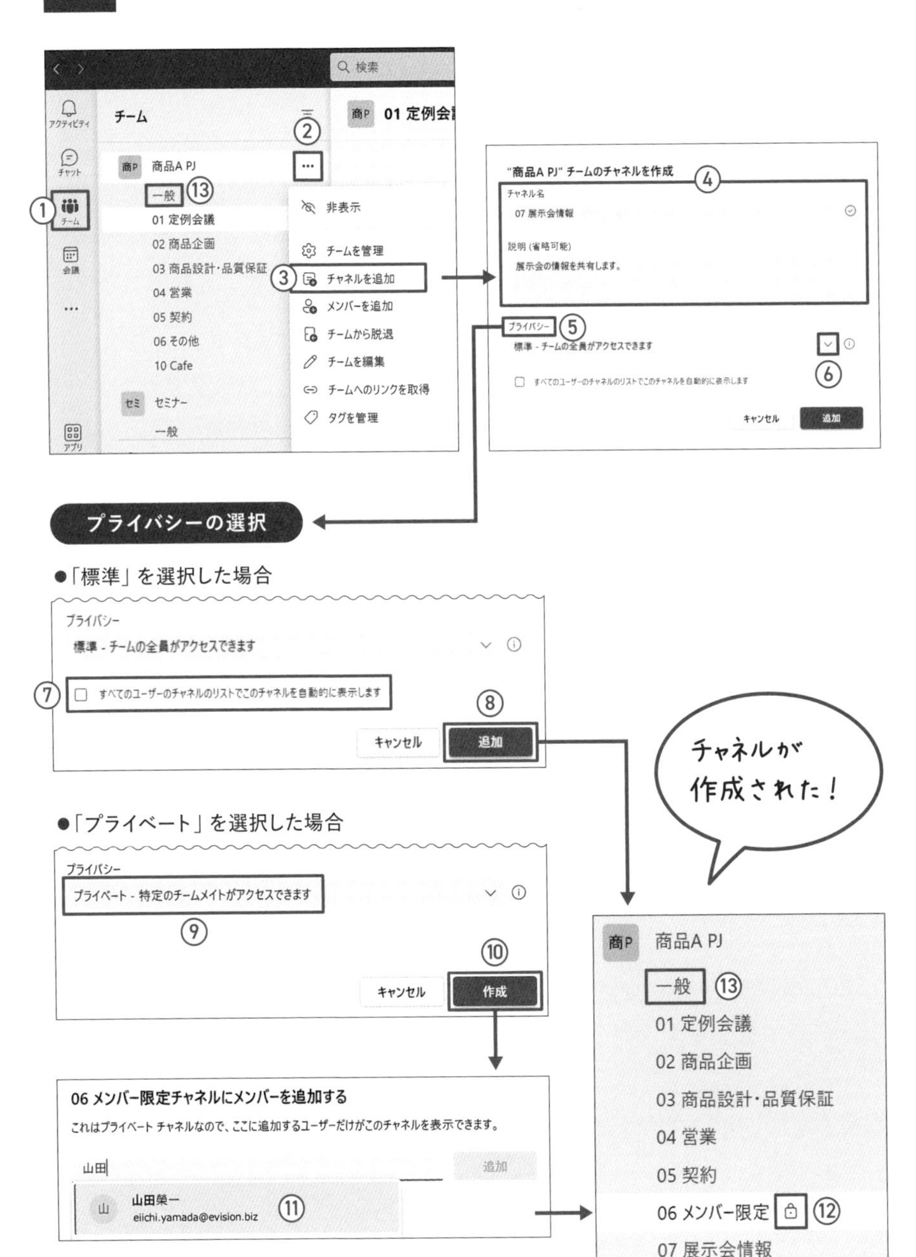

ちなみに、チームには「一般」というチャネルがデフォルトで存在（**図34-⑬**）しています。このチャネルは削除や名前の変更ができません。さらに閲覧制限もないため、チーム内の全メンバーが参加することができます。

チーム（チャネル）で会話する

チーム内に作ったチャネルでのコミュニケーションの基本も簡単にまとめておきましょう。

メンバーとメッセージのやり取りをするには、まずチーム画面を開き（**図35-①**）、チーム（チャネル）表示ウインドウから会話をしたいチャネル名を選んでクリック（**図35-②**）します。

すると右側のワークスペースに、選択したチャネルの投稿画面が表示され（**図35-③**）、そこでメッセージのやり取りやファイルの閲覧、共同編集などの作業が可能になります。

新しくメッセージの投稿をするときは、ワークスペース下部にある【新しい投稿】をクリック（**図35-④**）します。

投稿ボックスが開いたら、まず【A̷】（書式アイコン）をクリック（**図35-⑤**）。メッセージ入力スペースが表示されるので、そこにメッセージを作成していきます。

簡易的なメッセージのチャットとは違って、チャネルのメッセージ入力画面には「件名を追加」と「新しい会話を開始します」というテンプレートが表示されています。

そこで、「件名を追加」欄には、それを読んだだけで内容の概要がわかるような件名を上書き入力します。「新しい会話を開始します」欄には、メンション（必要に応じて。P.52参照）やメッセージの本文を入力。入力し終えたら【▷】（送信ボタン）をクリック（**図35-⑥**）すれば投稿完了です。また、

- 「文字のサイズや太さ、文字色の変更」「書体の変更」「文字の強調」「絵文字の挿入」などの書式アレンジ

- メッセージの重要度設定
- 特定の相手に伝える「メンション」
- メッセージへのファイル添付

といった機能はチャットでのメッセージ入力とほぼ同じなので、第1章を参照してください。

図35　会話（スレッド、議論）の開始方法

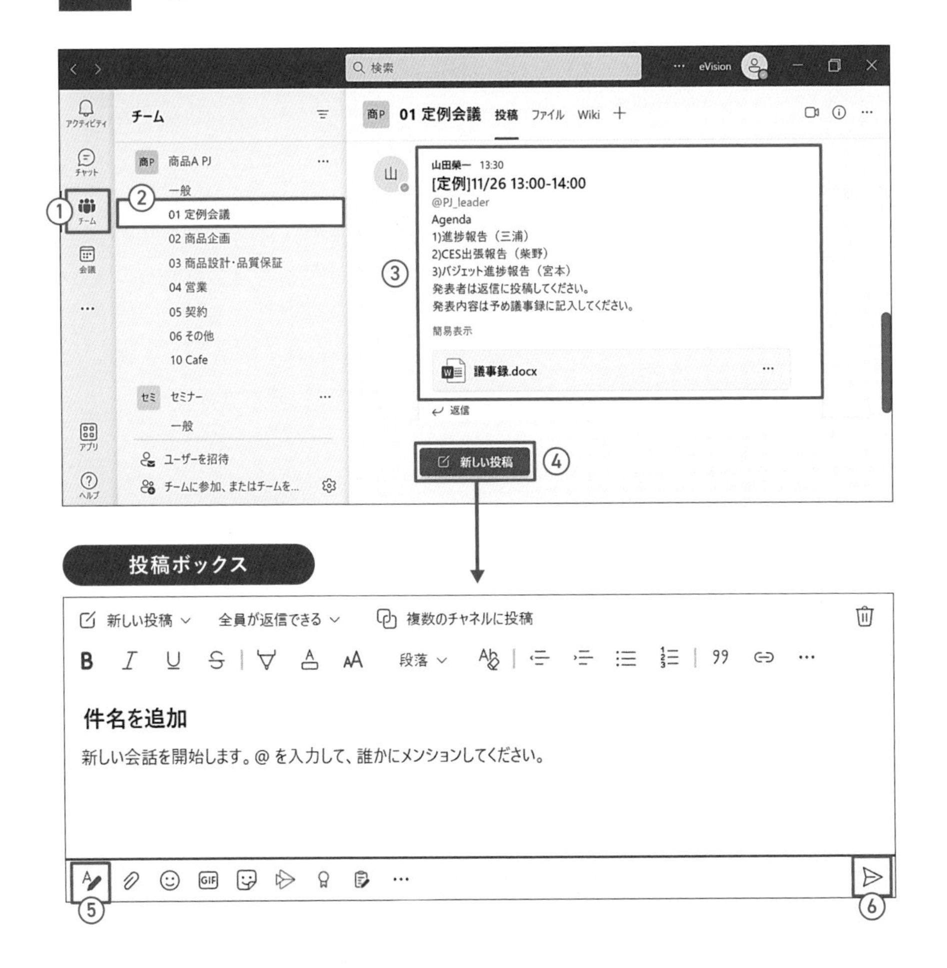

COLUMN

Teamsのよさは使ってみなければわからない

Teamsの導入にあたっては、とにかく「使ってみる」ことが大事です。こうしたツールは「使って、活かしてナンボ」のもの。基礎の基礎さえ覚えたら、あとは実際に使ってみて、「これが、こんなに簡単にできるんだ」「あの面倒な作業が、こんなにスムーズにできるんだ」と身をもって実感する――そうした成功体験を得ることが、Teamsへの理解と有効活用の足掛かりになるのです。

ソニー時代の私もそうでした。ソニーにTeamsが導入されたとき、私は社内の設計効率改善プロジェクトに携わっていました。当時からTeamsで業務効率改善ができるとか、導入する企業が増えているといった話はWebサイトなどである程度は知っていました。

ただ、それだけではTeamsがソニーという会社にマッチするかどうかはわかりません。ノウハウ本も読みましたが操作方法は書かれていても、どう活用すれば業務効率が上がるかは書かれていません。

そこで私を含めた5人でチームを作り、Teams導入時のお試し期間（約3カ月）を利用していろいろな使い方を実際に試してみました。そして「使ってみれば操作も活用も簡単」「仕事に則した活用法さえ覚えれば確実に業務効率が上がる」ことを知ったのです。そうした背景もあり、社内でTeamsに関するセミナーを行うようになりました。ですから、私がソニーで行っていたセミナーも、今現在さまざまな企業や組織で開催しているセミナーも、実際に現場で使うことをイメージした「ワーク」がメイン。全員がワークでTeamsを使い倒せるように、多くても25人という少人数制で行っています（大人数で講義をメインにすると必ず内職する人が出てくるので……）。

組織でTeamsを導入している方は、本書を参考にまずは実際に使ってみてください。ご自身で体感する「使える！」「便利！」という驚きこそが、Teamsを仕事に活かすエネルギーになるのです。

13 司令塔作戦②
チーム(チャネル)による会議運営の手順

すべてのタスクが1つのチャネル投稿で完結

ここからはTeamsを有効活用した司令塔作戦の実践編です。チーム(チャネル)へのOne Postingで、メンバーとの会議を効率的に開催・運営してみましょう。司令塔作戦による会議開催の基本プロセスは以下のようになります。

STEP①
【事務局】Wikiタブ内で「会議開催案内」のテンプレートを作成・保存。

STEP②
【事務局】チャネルのファイルタブに「会議日付フォルダー」を作成。
【事務局】議事録を「会議日付フォルダー」にアップロードし、ファイルのリンクをコピー。

STEP③
【事務局】テンプレートを使用して「会議開催案内」を投稿。

STEP④
【発表者】発表用資料を作成し、ファイルタブの「会議日付フォルダー」にアップロード。

STEP⑤
【事務局】発表資料を確認、修正が必要ならクイックメッセージで依頼。
【発表者】依頼に応じて、資料ファイルをTeams上で編集。

STEP⑥
【事務局】会議の開催と議事録作成。

STEP⑦
【発表者】宿題事項や追加関連情報等は、発表者の以前の返信を編集して追加する。

このやり取り（投稿、保存、依頼、編集など）はすべて、事務局が最初にチャネルに投稿したSTEP③のメッセージの中で行われます。

これが**「One Postingによる会議開催＝司令塔作戦」の最大のポイントなのです。**

次からは各STEPごとの作業内容を具体的に説明していきます。

図36 **司令塔作戦で会議を開催した場合**

事務局

発表者

事務局	発表者
STEP ① 会議用テンプレートを作成・保存	
STEP ② 会議日付フォルダー作成 議事録保存	
STEP ③ 会議開催案内を投稿	
	STEP ④ 会議日付フォルダーに 発表資料保存
STEP ⑤ 資料確認と修正依頼	STEP ⑤ 資料をTeams上で修正
STEP ⑥ 会議中に議事録を作成	
	STEP ⑦ 会議日付フォルダーに 宿題資料保存

STEP①
【事務局】「会議開催案内」のテンプレートを作成・保存

会議の開催を決めたら、チームのメンバーに「会議開催の通知」を投稿する必要があります。そして、この最初の投稿こそがすべてのやり取りの“舞台”になります。これまで、会議の開催案内と発表者への資料依頼は、別々のメールによる連絡で行われることが多かったと思います。しかし、司令塔作戦では、開催案内と発表者への資料依頼を1つの投稿で行います。こうすることで作業をひと手間減らすことが可能になるのです。

議論の内容にもよりますが、一般的な会議の基本アジェンダはたいてい決まっているものです。ならば、最初から開催案内のひな型（テンプレート）を作成・保存しておき、それをコピペ&書き換えすれば、毎回作成する手間が省けて便利です。使用するのは、Teams上で使用できるWikiアプリ。

手順は以下のとおりです。

①チャネル画面上部の【+】アイコンをクリック（**図37-①**）し、現れた画面から「Wiki」アイコンを選択（**図37-②**）して保存する（**図37-③**）。
②「Wiki」をクリック（**図37-④**）し、表示された画面にテンプレートで用意した文章を入力する（**図37-⑤**）。

ここでは1つの例として、私が普段から司令塔作戦で会議をする際に使っている内容をご紹介します。

会議名／開催日時／依頼内容
@A @B（必要な人にメンション）
■アジェンダ
1）X課報告（発表者名）
2）Y課報告
3）Z課報告

■依頼事項
・発表者は、[ファイルタブの会議日付名のフォルダーに資料を保存] し、[返信にファイルのリンクを投稿] してください。資料修正は、アップしたファイルに行ってください。
・宿題は、[資料を会議日付名のフォルダーに保存] し、[自分の投稿を再編集] し、[ファイルのリンクを追加] してください。

この内容をWikiにテキスト入力しておきます。入力した時点で内容は保存されます。

図37 知っておくと便利なWiki機能

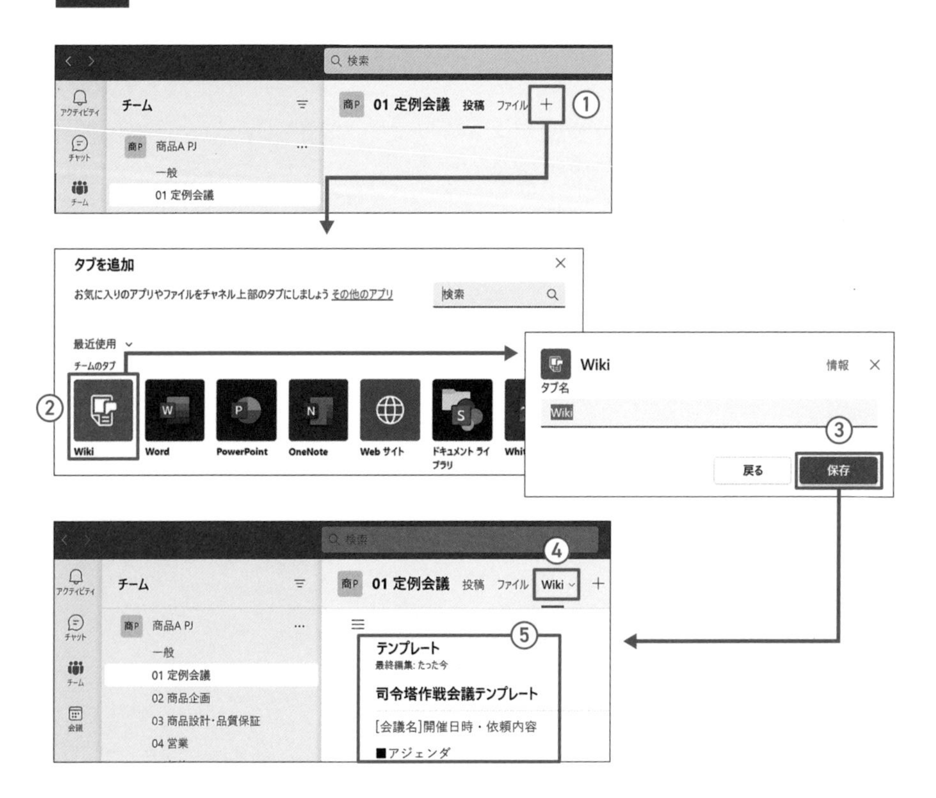

STEP②

【事務局】ファイルタブにフォルダーを作成、議事録保存

次に会議で使用するファイルを一括で管理するための「会議用フォルダー」を作成します。作成する場所は、チャネル内の「ファイル」タブです。

ファイルタブにフォルダーを作成するには、チャネル画面上部のタブ一覧から【ファイル】を選択（**図38-①**）し、さらに【新規】をクリック（**図38-②**）。表示された一覧から【フォルダー】を選んで（**図38-③**）、表示されたウインドウにフォルダー名を入力して作成をクリック（**図38-④**）すればOKです。

図38　**ファイルタブ内にフォルダーを作成する**

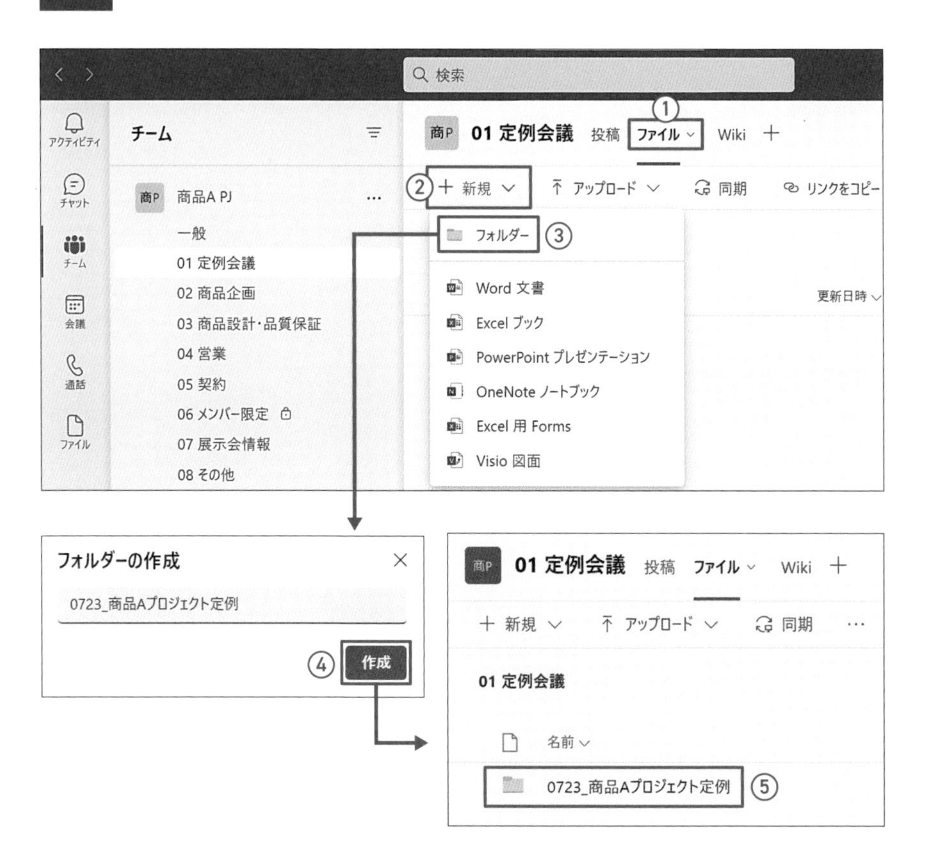

フォルダー名は「会議の日付＋会議の名称」にしておきましょう。
すると、ファイル一覧の最上部に新規フォルダーが表示（**図38-⑤**）されます。開催する会議に関する資料やレジュメ、議事録、宿題などのファイルの作業ややり取りは、すべてこのフォルダーで行います。

また、このフォルダーにあらかじめ、議事録Wordファイルを保存しておきます。
通常、議事録は会議が終わってから書くものと思い込んでいる方が多いようですが、会議が終わって時間に追われながら議事録作成するスタイルからは、この際、卒業してください。
承認者、出席者、発表者、アジェンダなどは会議前にわかっているので、会議前に記入しておけるものは先に記入するスタイルに変えると効率が上がります。
さらに効率を上げる方法として、発表者に、発表の概要、背景、審議のポイントなどを議事録にあらかじめ記入することを依頼しておきます。こうすることで、事務局の負担を減らすことができ、発表者の視点からすると、間違った内容を議事録に残されてしまう可能性を減らすことができます。

次に、議事録Wordファイルのフォルダーへの保存方法とリンク取得方法を説明します。

①会議日付フォルダーを選択（**図39-①**）し、そのフォルダーに議事録Wordファイルをドラッグ＆ドロップします（**図39-②**）。
②議事録Wordファイルにマウスオーバーすると右に現れる【…】（その他のオプション）を選択（**図39-③**）し、【リンクをコピー】を選択（**図39-④**）。
③リンクのコピーウインドウで【コピー】を選択（**図39-⑤**）。
④リンクはSTEP③で使用するので、メモ帳アプリなどに保存しておく。

図39 議事録Wordファイルのフォルダーへの保存方法

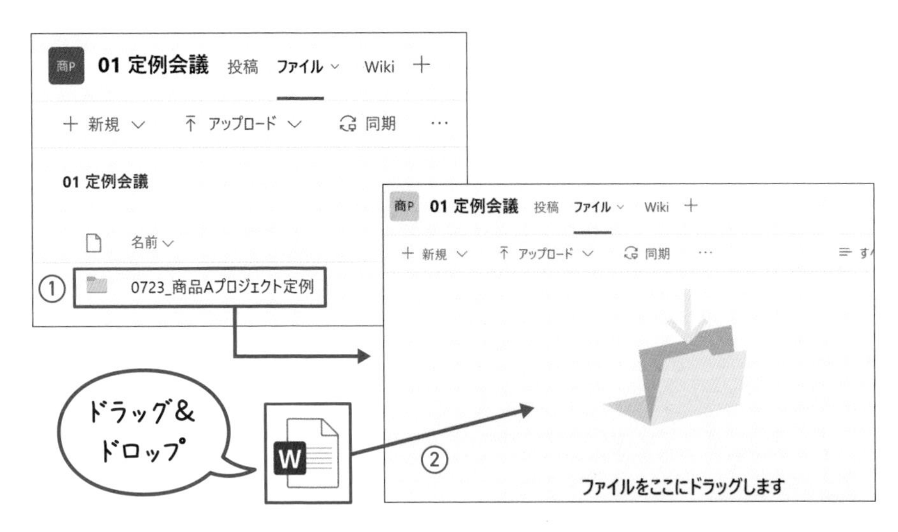

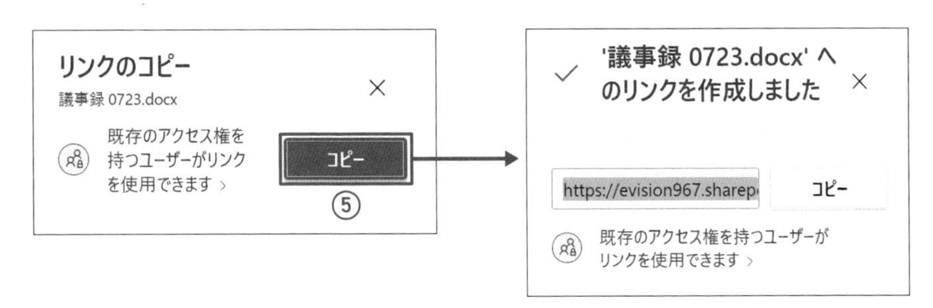

STEP③

【事務局】会議開催案内を作成し、チャネルに投稿

次に、今回の会議のための「会議開催案内」を作成し、チャネルに投稿します。このとき、保存してあるテンプレートを活用するので非常に簡単です。行うのは以下の6つの作業になります。

①Wikiタブ（**図40-①**）に保存されている会議開催テンプレート（**図40-②**）をコピーし、チャネルの新たな投稿の【A∕】（書式）を選択（**図40-③**）。「新しい会話を開始します」と書かれている部分にテンプレートを貼り付ける。
②「件名を追加」の部分に、今回の会議の内容に合わせて、会議名、開催日時、依頼内容を記入する（**図40-④**）。
③必要に応じて、発表者、承認者、参加者にメンションを行う（**図40-⑤**）。
④会議の内容に合わせてアジェンダや依頼事項を修正する（**図40-⑥**）。
⑤P.84でコピーした議事録Wordファイルのリンクを貼り付ける（**図40-⑦**）。
⑥【▷】（送信）をクリックする（**図40-⑧**）。

このプロセスだけで、簡単に「会議開催案内」の投稿メッセージが完成します。

図40 会議開催案内の投稿

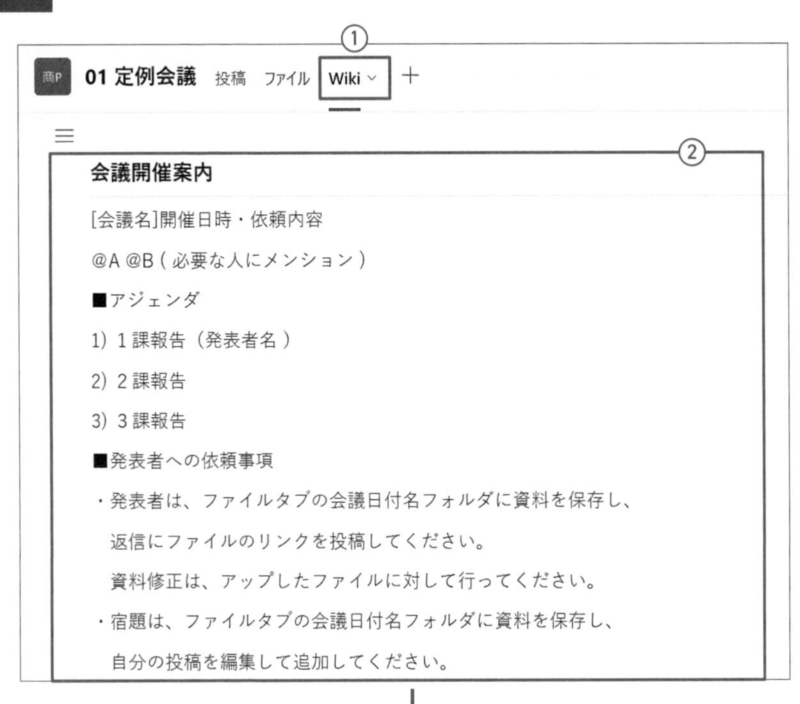

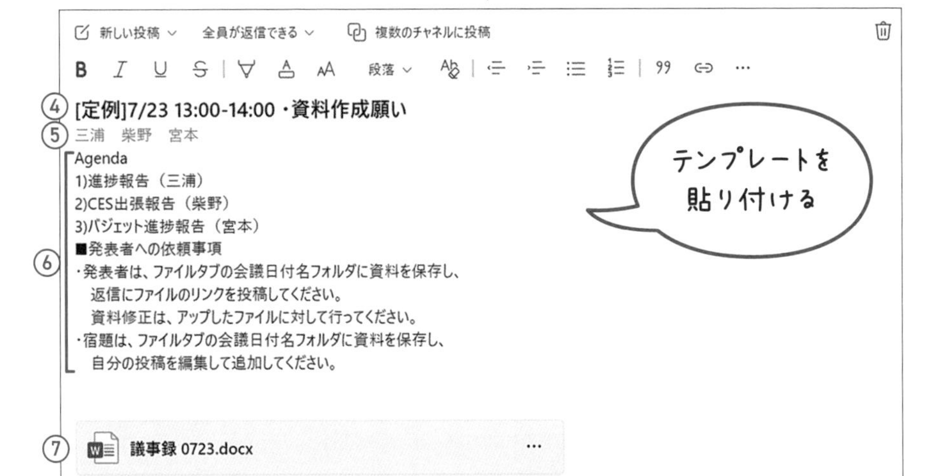

STEP④

【発表者】発表用資料を「会議日付フォルダー」にアップロード

このステップは、会議に出席する発表者側のタスクです。

①発表者はまず、作成した資料をファイルタブ内の「会議日付フォルダー」にドラッグ&ドロップでアップロードします(**図41-①**)。

②保存したファイルの右側にある【…】(その他のオプション)を選択(**図41-②**)し、【リンクをコピー】でファイルのリンクを取得(**図41-③**)。

③最後に「会議開催案内」の投稿にある【返信】を選択(**図41-④**)し、返信欄に取得したリンクを貼り付けて【▷】(送信)をクリック(**図41-⑤**)。すると「会議開催案内」投稿ボックスにファイルが投稿されます(**図41-⑥**)。

図41 **発表用資料をアップロード**

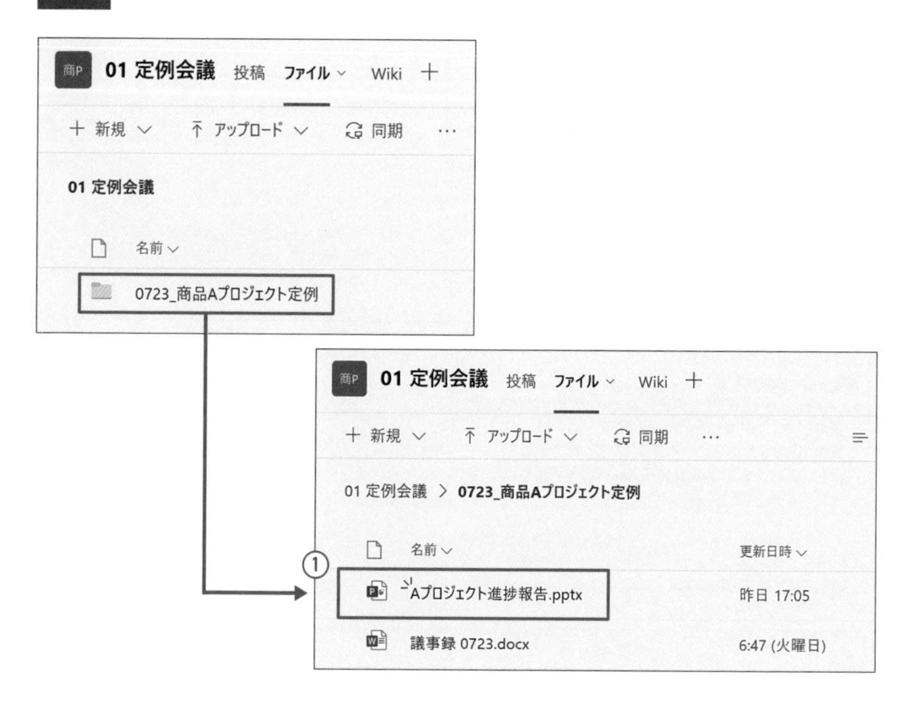

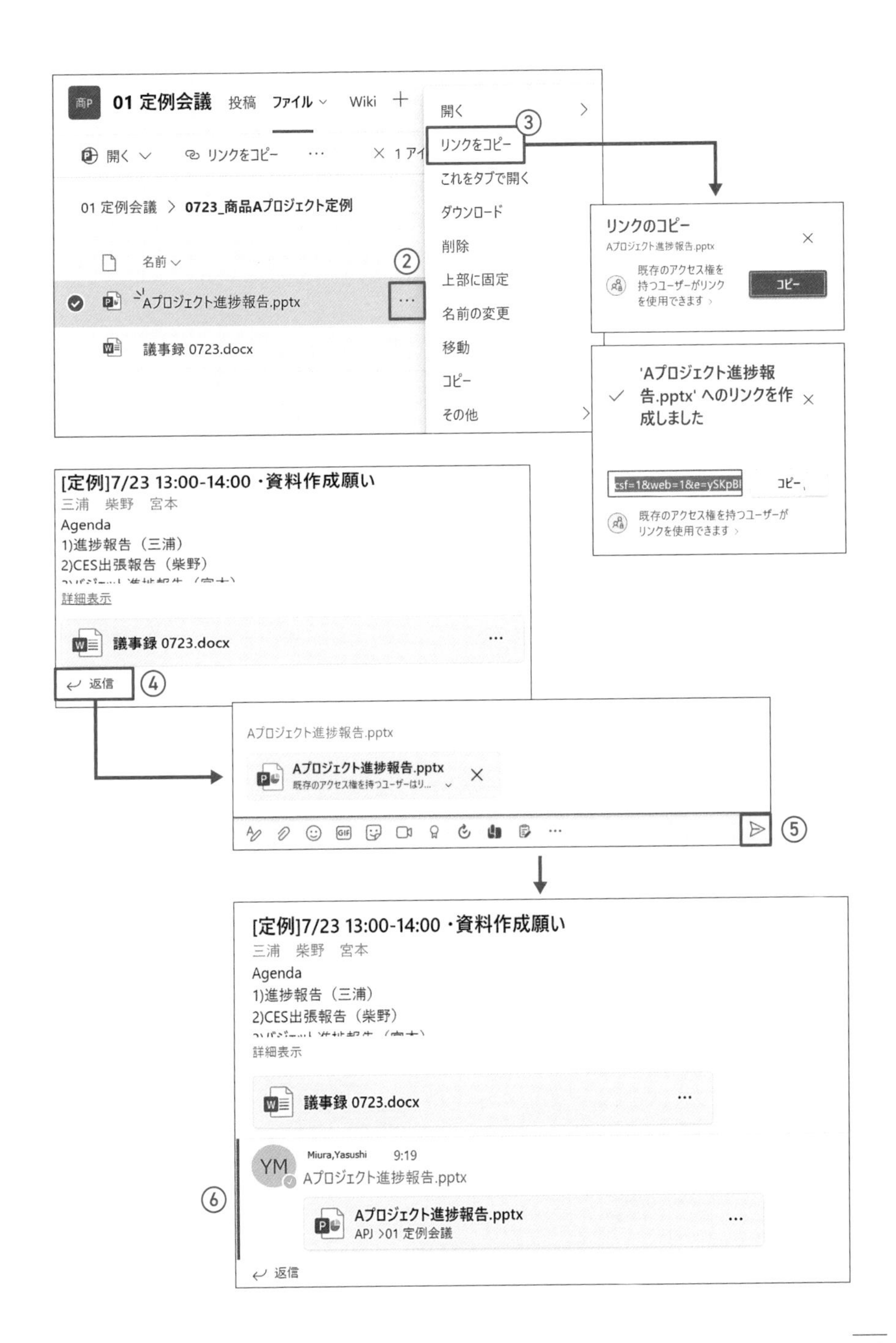
01 定例会議
投稿
ファイル
Wiki
開く
リンクをコピー
01 定例会議 > 0723_商品Aプロジェクト定例
名前
Aプロジェクト進捗報告.pptx
議事録 0723.docx
開く
リンクをコピー
これをタブで開く
ダウンロード
削除
上部に固定
名前の変更
移動
コピー
その他
リンクのコピー
Aプロジェクト進捗報告.pptx
既存のアクセス権を持つユーザーがリンクを使用できます
コピー
'Aプロジェクト進捗報告.pptx' へのリンクを作成しました
既存のアクセス権を持つユーザーがリンクを使用できます
[定例]7/23 13:00-14:00・資料作成願い
三浦　柴野　宮本
Agenda
1)進捗報告（三浦）
2)CES出張報告（柴野）
詳細表示
議事録 0723.docx
返信
Aプロジェクト進捗報告.pptx
Aプロジェクト進捗報告.pptx
既存のアクセス権を持つユーザーはリ...
[定例]7/23 13:00-14:00・資料作成願い
三浦　柴野　宮本
Agenda
1)進捗報告（三浦）
2)CES出張報告（柴野）
詳細表示
議事録 0723.docx
Miura,Yasushi　9:19
Aプロジェクト進捗報告.pptx
Aプロジェクト進捗報告.pptx
APJ >01 定例会議
返信

また、リンクを貼り付ける以外の方法で、ファイルタブ内のフォルダーに保存されているファイルを返信に表示させる別の方法もあります。
「会議開催案内」投稿の返信欄にある【📎】(ファイル添付) をクリックして(**図42-①**)、【チームとチャネルを参照】を選択 (**図42-②**)。一覧から「0723_商品Aプロジェクト定例」を選び (**図42-③**)、保存した資料ファイルを選択(**図42-④**) して【リンクを共有】をクリックする (**図42-⑤**) という方法です。

これでアップロードした資料ファイルに事務局や発表者が、直接アクセスできるようになります。

図42 **返信にフォルダー内のリンクを貼り付ける**

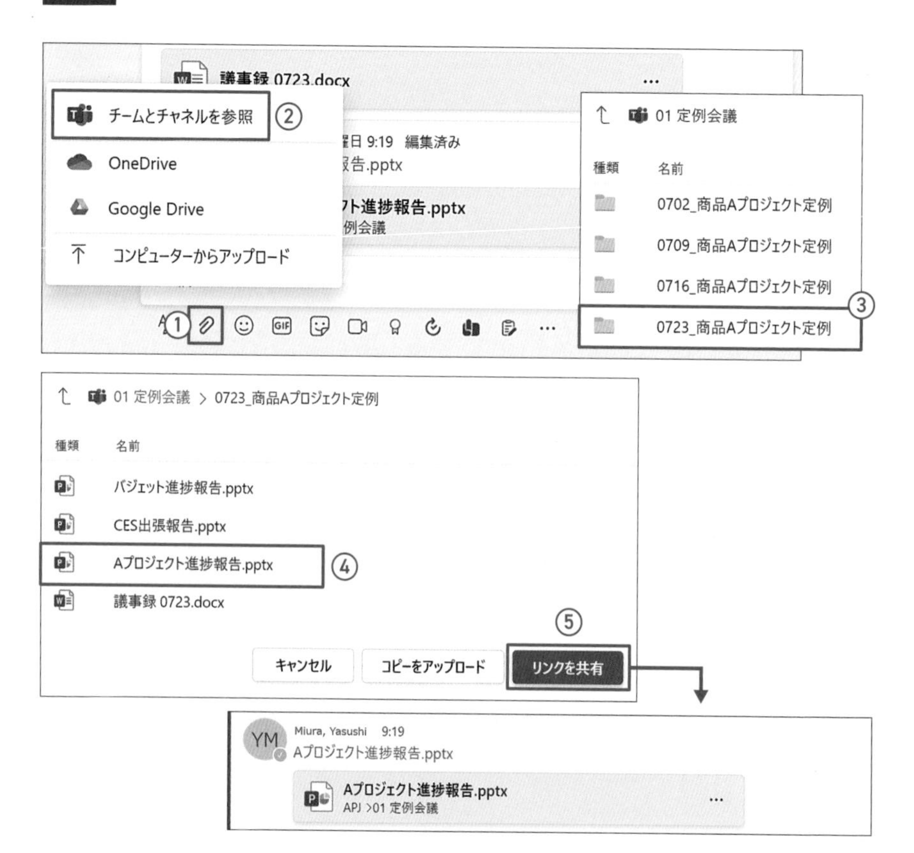

STEP⑤

【事務局】発表者へ資料の編集を依頼 → 【発表者】Teams上で編集

発表者がアップロードした資料ファイルを見た事務局サイドが、「修正してほしい」と思うケースもあるでしょう。

そうした編集の依頼など、発表者にチャットレベルの簡単なメッセージを送りたいとき、わざわざチャット画面を開かずに連絡が取れるお役立ち機能がクイックメッセージです。

「会議開催案内」投稿ボックスの返信メッセージにある発表者のアカウントアイコンにマウスオーバーし（**図43-①**）、表示された画面の【クイックメッセージを送信】欄（**図43-②**）に「資料の○を□に修正してください」と入力して【▷】（送信）をクリック（**図43-③**）。これだけ。クイックメッセージ

図43 Touch & Chatのやり方

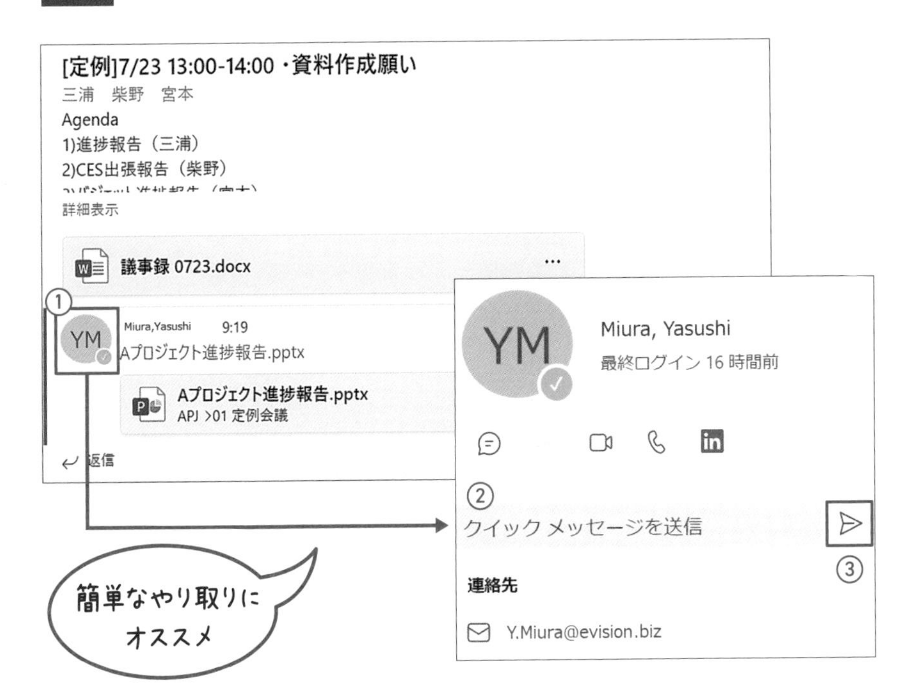

で送信したメッセージは、チャットメニューから確認することが可能です。私はこの機能を「Touch & Chat」と呼んでいます。私のセミナー受講者の中でこのワザを積極的に使っているという人は１人もいませんでした。実はこのような鼻歌混じりでできる技こそが作業のスピード感を大きく改善していきます。

編集依頼を受け取った発表者は、自分が記入した返信欄からファイルを開き、直接修正を行います。直接保存したファイルを修正しているので、返信欄に表示されているファイルはいつでも最新版になっています。「最新版のファイルはどれだっけ？」と探す、共同作業上のいつものストレスがこれでかなり低減するはずです。

資料の修正が終われば、後は会議の開催を待つだけとなります。

STEP⑥

【事務局】会議中に議事録を作成

会議を開催する事務局には議事録の作成という仕事もあります。しかし会議が終了したあとですべての議事を１から書き起こすのは大変にムダな作業です。では、どうするか？

会議中にTeams上で議事録を作成してしまえばいいのです。

議事進行にしたがって、書記は議事録に議論された内容を書き込んでいきます。そして会議の最後に、議事録をTeams上で共有しながら、司会者は決定事項や宿題事項を説明します。参加者全員が議事録を見ていますので、抜け漏れ、間違いがあれば、その場で指摘してもらいます。

こうすることで２つの大きなメリットが得られます。

①発表者に、議事録に記載された内容でいいかどうかの確認メールを送ることが不要になる。

②宿題事項が明確になる。

通常であれば、会議後、議事録を発信する作業が発生しますが、すでに議事録はTeamsの会議案内投稿にアップされているので発信も必要ありません。

議事録Wordファイルが改ざんされてしまったらどうするの？

こんな不安を持たれる方もいるかもしれませんが、ファイルに変更を加えた場合、誰が変更したかはWordファイルに記録されています。

また、戻したいときは、「あの日に帰りたい作戦」(P.62) があるので簡単に以前のバージョンに戻すことができます。

それでも心配だという方はWordの【ファイル】タブから情報を選択し文書の保護機能を使って、所望の保護を行っておく（**図44**）ことも可能です。私のおすすめは「パスワードを使用して暗号化」しておくことです。

図44 **文章の保護機能を使う**

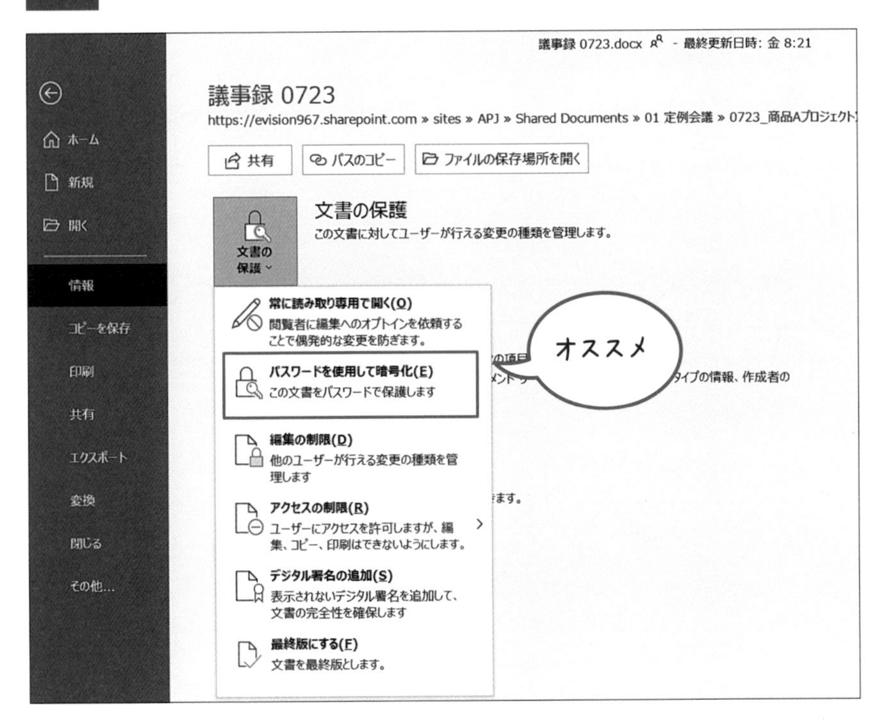

STEP ⑦

【発表者】宿題事項のファイルをアップロード

会議の内容によっては、参加者に宿題事項や事後提出課題が課せられることもあるでしょう。そうした会議後に提出するドキュメントも、会議用チャネルに投稿された「会議開催案内」の返信欄にアップロードすることになります。

ただ、作成した宿題などのファイルをそのままアップすると、時系列的に返信欄の一番下に配置されてしまい、発表資料と別々のところに表示されてしまいます（**図45-左**）。これだと事務局は宿題を確認する際に、下までスクロールしなければなりませんし、何より会議後、議事録を活用するメン

図45 **宿題を見やすく配置する方法**

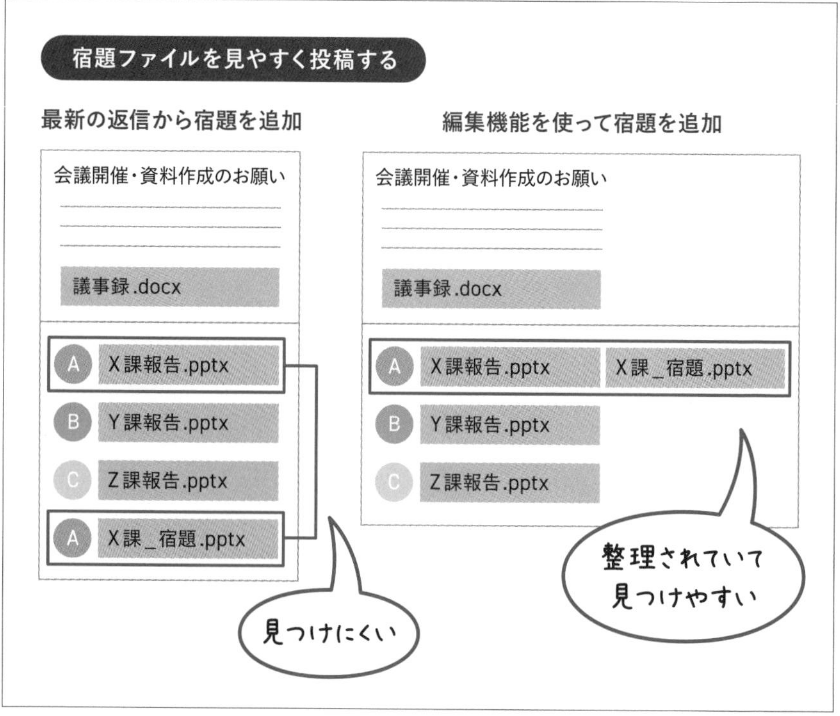

バーにとっても手間が増えてしまいます。また、投稿の見た目も美しさに欠けてしまいます。

そこで宿題を投稿する側は、チャネルにアップしたファイルを編集・整理して見やすくしてあげるといいでしょう。

以下の方法でアップロードすれば、すでにアップされているファイルに並べて配置することが可能。これなら最後にアップした最新のファイルが迷子になるのを防ぐことができます。

以下にその手順を紹介します。

①会議日付フォルダーを選択し（**図46-①**）、宿題ファイルをドラッグ＆ドロップ（**図46-②**）する。
②宿題ファイルにマウスオーバーすると右に現れる【…】（その他のオプション）を選択（**図46-③**）し、【リンクをコピー】を選択（**図46-④**）。
③リンクのコピーウインドウで【コピー】を選択（**図46-⑤**）。
④次に、会議用資料のときに使った返信欄にリンクを貼り付けます。返信にマウスオーバーしてポップアップしたメニューから【…】（その他のオプション）を選択（**図46-⑥**）。続けて【編集】を選び（**図46-⑦**）、編集モードにする。
⑤テキストスペースに、リンク先をコピペすると（**図46-⑧**）、ファイルが添付される。
⑥最後に、リンク先を削除する。

必要に応じてメンションやコメント記入を行い、右下の【✓】（完了＆送信）をクリック（**図46-⑨**）します。

図46 宿題事項ファイルのアップロード方法

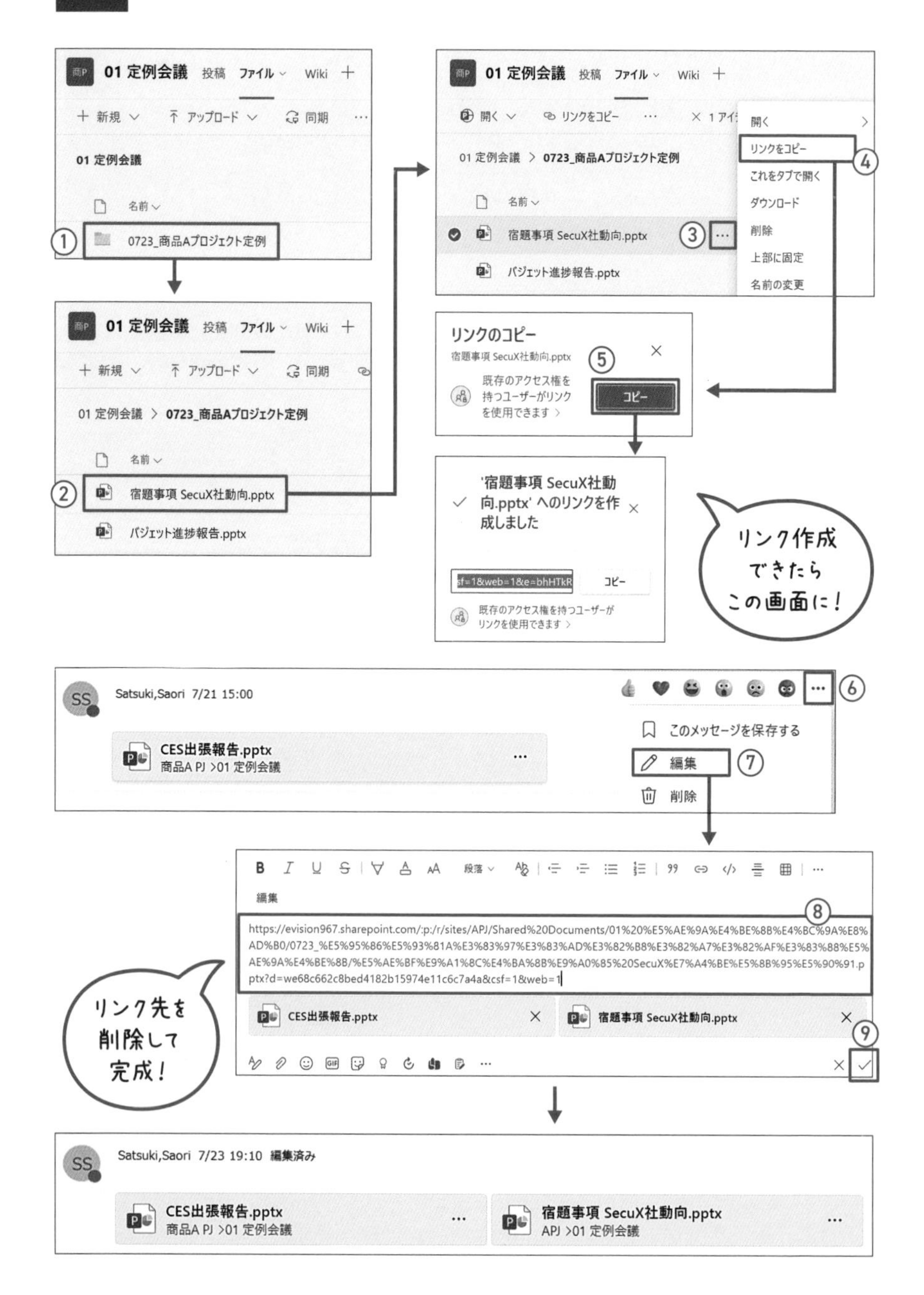

COLUMN

検索・閲覧が簡単な「OneNote」を議事録に活用する

Teamsでの会議の議事録はWordで作成、という人が多いかと思いますが、ぜひ試してほしいツールがもう1つあります。それがMicrosoft 365のノートアプリ「OneNote」です。

OneNoteでは「ノートブック」「セクション」「ページ」という3層構造でデータを整理します。たとえるなら、1冊の大きなノート（ノートブック）があり、その中身が内容ごとに分割・カテゴライズされ（セクション）、さらにその中に内容を書き込む1枚ずつのページがある、というイメージです。

例えばOneNoteで、「営業部」での会議の議事録を作る場合、

- ノートブック――「営業部議事録ノート」
- セクション名――「定例会議議事録」「報告会議議事録」etc.
- 各セクション内のページ名――「○年○月○日開催」

となります。これなら「いつの、どの会議の議事録」でもすぐに検索・閲覧できます。

さらにTeams会議用のチャネルのタブに「議事録」のノートブックを追加しておけば、よりスムーズに過去の議事録にアクセスできます。

図47　OneNoteの階層イメージ

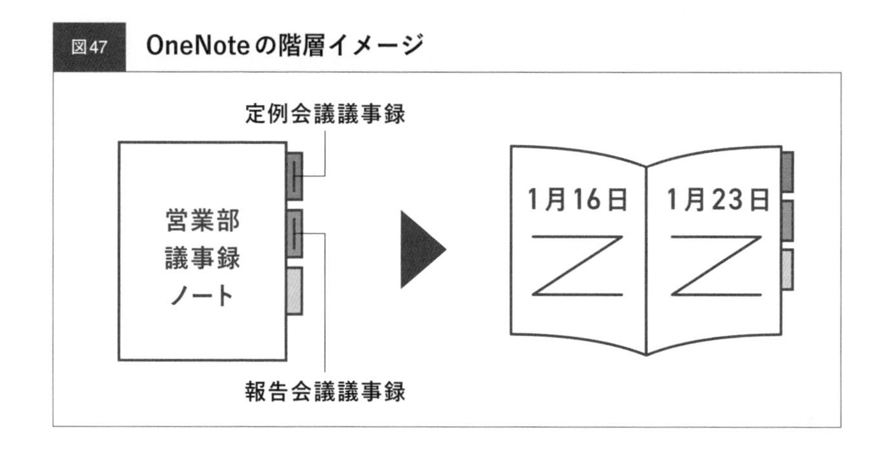

14 司令塔作戦③ もっと便利にチーム（チャネル）を使う

チームを管理する

業務を進めていると、チームにメンバーを追加したり、削除したりといったことが必要になる状況も少なくありません。そうした管理作業は、チームを立ち上げた「所有者」のみが行えるアクションとなります。

●チームに新しいメンバーを追加する

既存のチームに後からメンバーを追加するには、まずチームリストにあるチーム名の右にある【…】（その他のオプション）をクリック（**図48-①**）し、開いたメニューから【メンバーを追加】を選択（**図48-②**）します。追加したいメンバーの頭文字を入力し、候補の中から対象となるメンバーを選択して【追加】をクリック（**図48-③**）。最後に【閉じる】をクリックで完了（**図48-④**）です。

図48 **チームに新しいメンバーを追加**

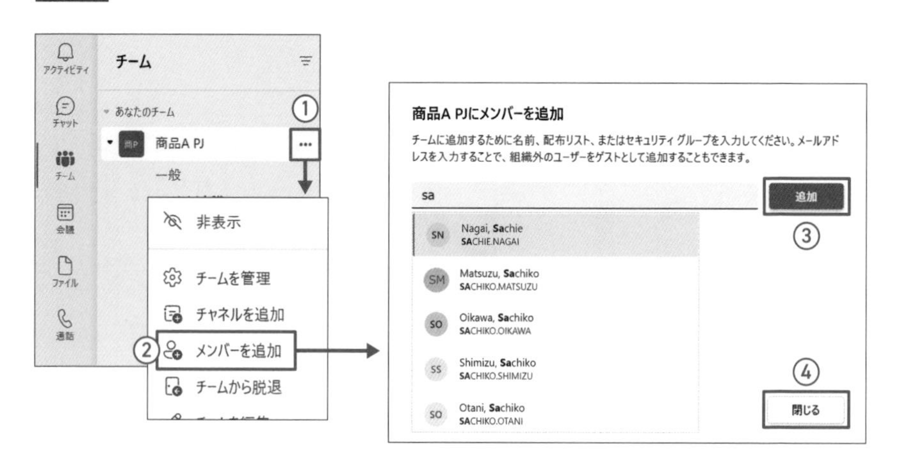

●メンバーの削除や役割を変更する

チーム名の右にある【…】（その他のオプション）をクリック（図49-①）し、開いたメニューの中から【チームを管理】を選択（図49-②）。表示された管理画面の上部にあるタブから【メンバー】を選ぶ（図49-③）と、チーム内のメンバーが一覧になって表示されます（図49-④）。

参加者の権限を変更するには、各メンバー名の右側の【∨】（プルダウン）をクリックすれば【所有者】【メンバー】を切り替えることができます（図49-⑤）。

メンバーを削除するには、メンバー名の右端にある【×】をクリックします（図49-⑥）。

図49 メンバー削除と役割変更

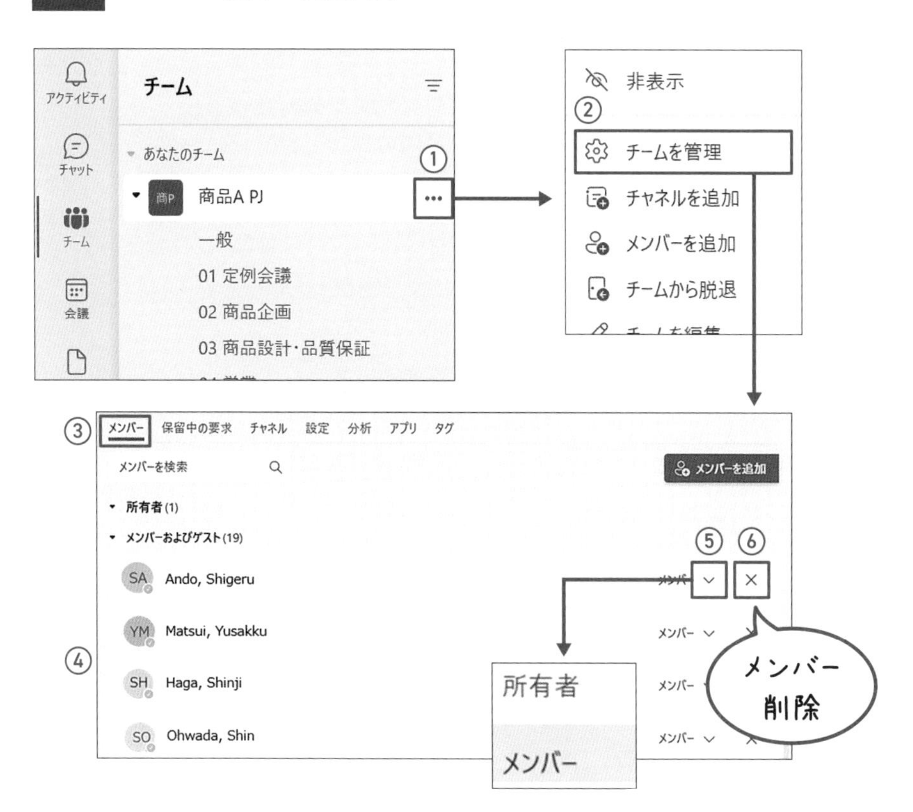

よくメンションする人々にタグ名を付ける

ここまでに何度か触れたように、Teamsにはメンション機能があります。チャットやチャネルで会話をする際に、メッセージを届けたい特定のメンバーに対して通知を送るメンションは、メッセージの宛先が明確になって読み忘れなども防ぐことができる便利な機能です。

メンションは特定の1人だけでなく、複数の相手に対しても使うことができます。ただ相手が2〜3人ならば個々にメンションしてもいいのですが、相手が大人数になってくると事情は変わってきます。

特に、チーム（チャネル）でやり取りをしていると、「複数メンバーに、一斉に、しかも頻繁にメンションする」機会が増えてきます。でも、いちいち個別にメンションするのは手間がかかるし時間ももったいない。

そこで、よくメンションする人たちは「タグ名」を付けてまとめてしまいましょう。そうすることでより効率的なコミュニケーションが可能になります。ただし、タブを作成できるのはチームの所有者のみです。

複数メンバーをタグにまとめる手順は以下のとおりです。

チーム名の右にある【…】（その他のオプション）（**図50-①**）から、【タグを管理】を選択（**図50-②**）。【タグを作成】（**図50-③**）→「タグ名」の入力→「ユーザーを追加」で作成できます。

タグのメンバーにメンションして投稿するときは、1人にメンションするのと同様に、メッセージ入力画面に「@」と「タグ名の最初の文字」を入力して（**図50-④**）メンションしたいタグ名を選択すればOK。これでタグに登録したメンバー全員にメンションできます（**図50-⑤**）。

図50 メンションメンバーをタグ付けする

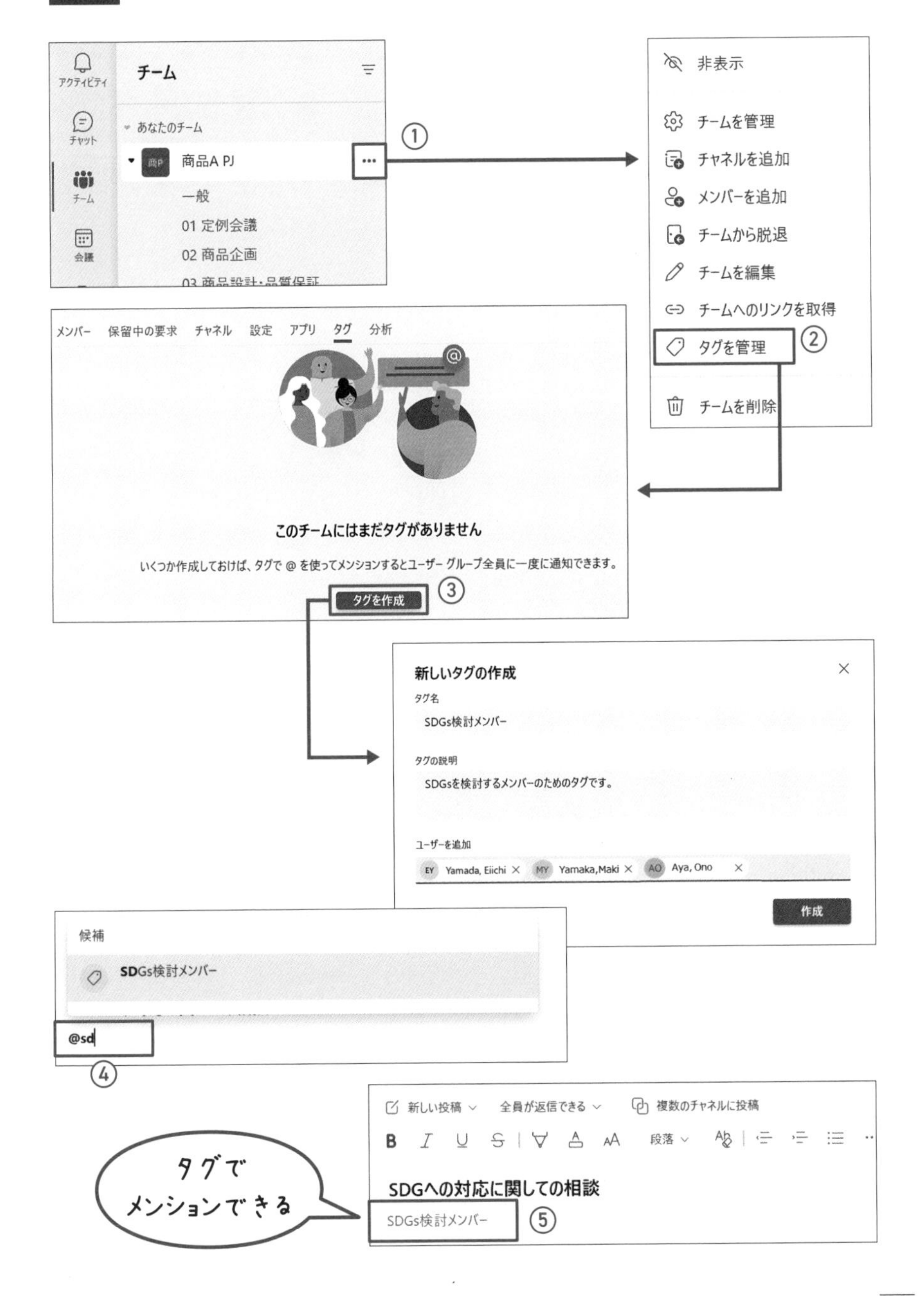

メールの依頼事項をTeamsのチャネルに送信する

同じ会社や組織内ではTeamsによるコミュニケーションを採用していても、社外や組織外の人とのやり取りはメールで行うケースがほとんどかもしれません。

そうした状況下では、外部から届いたメールのメッセージを、チーム（チャネル）の中で閲覧・共有したいという事態がしばしば発生します。そんなときはどうすればいいか。

すぐに思い浮かぶのは、「チャネルの投稿ボックスにメールの本文や件名をコピペする。添付ファイルは一度パソコンにダウンロードして再度チャネルにアップする」という方法でしょう。でも、もっと簡単なやり方があります。

実は、Teamsで作成したチャネルには、チャネルごとにメールアドレスが割り振られています。このメールアドレスを使うことでチャネルにメールのメッセージを転送できるのです。

手順は以下のとおりです。

①チャネル名の右にある【…】（その他のオプション）（**図51-①**）から【メールアドレスを取得】を選択（**図51-②**）。
②そのチャネルのメールアドレスが表示されるので、これを【コピー】（**図51-③**）。
③次にOutlook、Gmailなどのメールソフトでメールメッセージを開き、宛先に、コピーしたチャネルのアドレスを貼り付けて送信します（**図51-④**）。これで、メールの本文がそのままチャネルに投稿されます。メールに添付されたファイルも一緒に送信され、【ファイル】タブに保存（**図51-⑤**）されます。

これなら、取引先からのメールを社内のチャネルに転送・共有、そこで「こんな依頼メールが届きましたが、どう対処しましょうか？」といった会話をチャネル内で始めるといった使い方ができるわけです。

図51 メールをTeamsのチャネルに送信

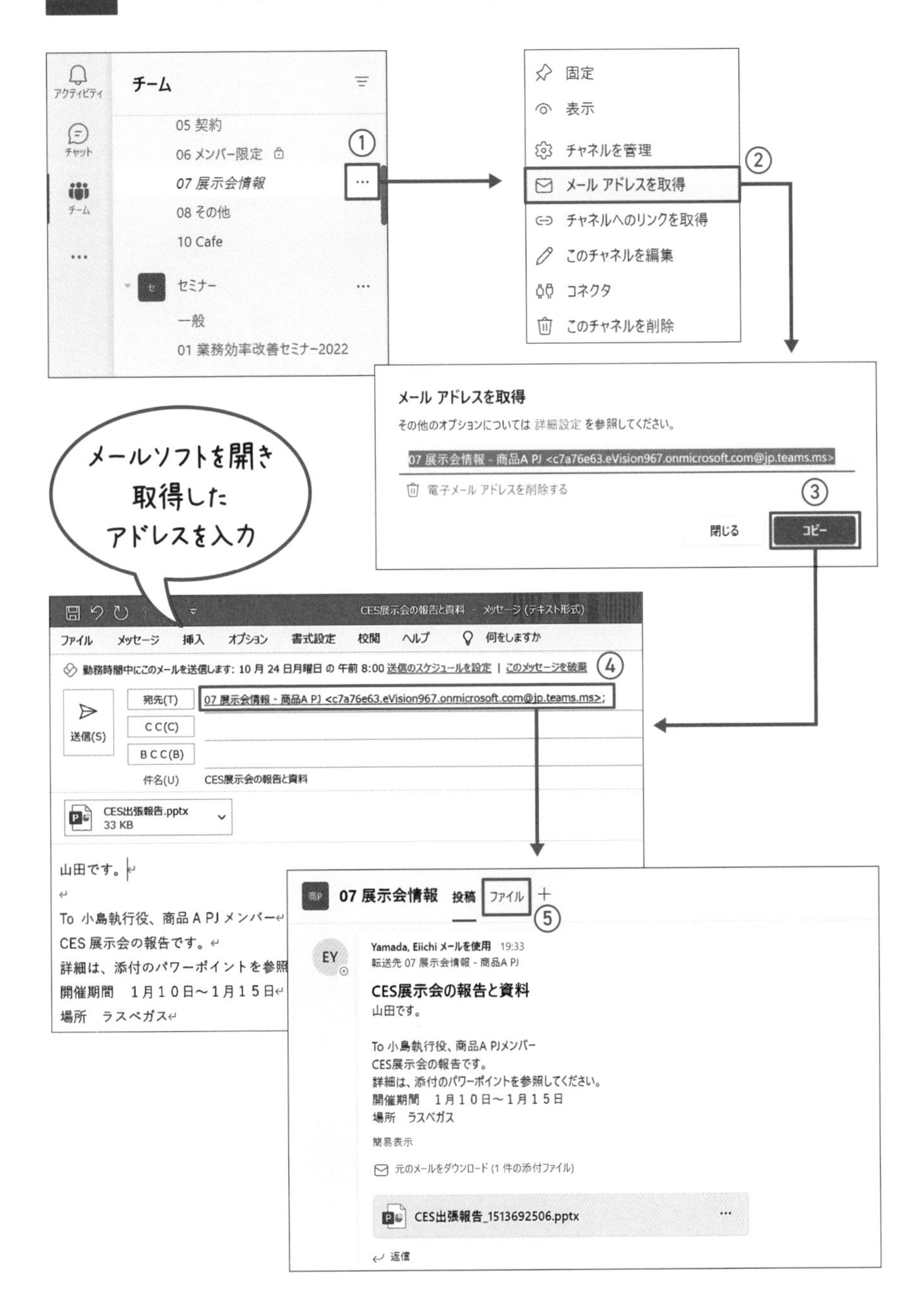

チャネルのスレッド（議論）をメールに送信する

Outlook と Teamsを連携している場合は、チャネルのスレッドをメールに転送できます。この機能を使うことで、議論の成り行きをチーム外の人に伝えることができます。

使い方は、メールに送りたい投稿にマウスオーバーし（**図52-①**）、ポップアップされたメニューの一番右の【…】（その他のオプション）を選択（**図52-②**）。表示されたメニューの中から【Outlookで共有】を選択します（**図52-③**）。

メール画面が開いたら（**図52-④**）、宛先に、送信先のアドレスを入れ（**図52-⑤**）、【送信】ボタンを押します（**図52-⑥**）。

先に紹介したメールをTeamsのチャネルに送信する機能とこの機能を組み合わせることで、メールとTeamsをシームレスに使用することができます。

Outlook と Teamsが連携されていない場合は、伝えたいスレッド全体を選択し、コピー＆ペーストしてGmailなどの外部のメールソフトで送信という方法も可能です。スレッドのコピーには誰のいつの発言かが表示されるタイムスタンプも付くので、この方法でも議論内容を正しく伝えることができます。

図52 チャネルのスレッドをメールに送信

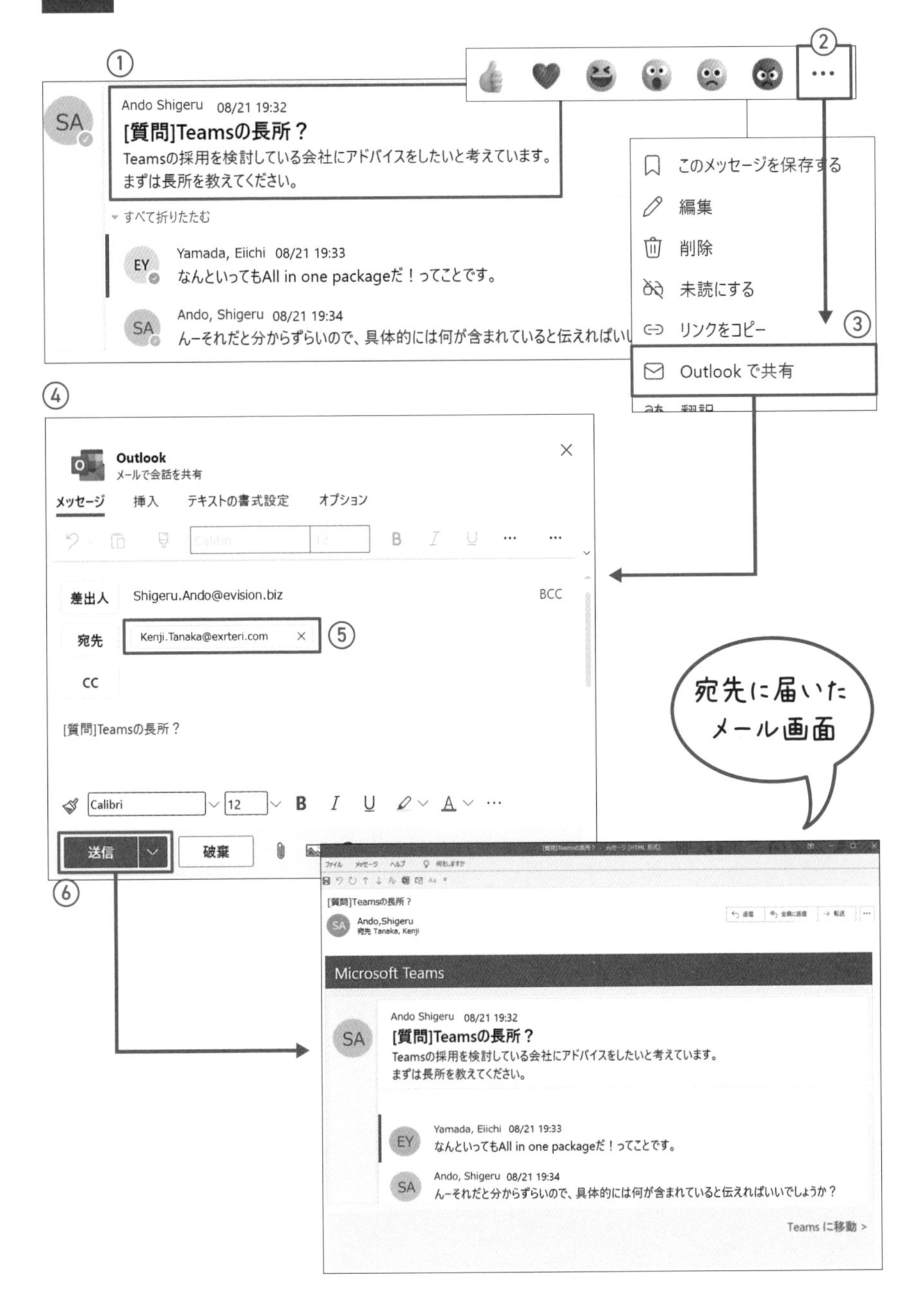

第3章

爆上げ作戦3「セミナー大作戦」

大人数のセミナー開催をスムーズに

POINT

前章の司令塔作戦の応用バージョンとして、より大規模なセミナーの開催・運営の効率化を図る「セミナー大作戦」。大人数の参加者を一括管理し、セミナーをスムーズに運営できる事務局必見の効率化テクニックになります。

15 チーム(チャネル)の活用でセミナー運営の効率を大幅アップ！

メールベースのセミナー運営タスクを「1/231」に削減

司令塔作戦では、事務局＋発表者５人の会議をTeamsの「チーム（チャネル）」ベースで運営することで、メールベース時にかかっていた作業タスクを1/77に削減することができました。

実は、司令塔作戦のアプローチは、参加者数がもっと多い講習会やワークショップのような大規模セミナーの運営にもそのまま当てはめることができます。

例えば、事務局が「参加者15名」のセミナーを開催するとしましょう。仮に、このセミナー運営をメールベースで行った際に、事務局と参加者が行うタスクはどのくらいになるでしょうか。

５人の会議（司令塔作戦）で「77タスク」あったのですから、人数が３倍になれば単純計算で77×３＝231のタスクが生まれることが想定されます。

ワークショップセミナーでは、事前アンケート、事前課題、セミナー中のワーク、事後課題などもありますので、事務局側は実際にはもっと多くの作業と精神的ストレスを抱えています。

本章で紹介する「セミナー大作戦」は、この膨大なタスクをTeamsのチーム（チャネル）へのOne Posting（１つの投稿）だけで完結させようというもの。**司令塔作戦のエッセンスを応用して、大人数のセミナー運営タスクを「1/231」に削減する超・効率化テクニックになります。**

バックキャストでセミナー運営を効率化

司令塔作戦と同じくセミナー大作戦でも、ポイントはチャネルへの最初の投稿の上だけで、以降のすべての作業を行う「一括管理」のプロセスです。

事前課題やアンケートの提出、セミナー中のワークによる成果物の共有、事後課題や感想アンケートの回収――大人数でのセミナーやワークショップを運営するときは、こうしたタスクが必須になります。

従来の開催方法では、事務局が参加者全員とそれぞれ個別に連絡を取り、個別に提出依頼&回収を行い、事務局がそれらをまとめて資料にしてセミナーを実施していました。さらにセミナー終了後の実施報告や成果物の管理なども、すべて事務局が担う必要がありました。

事務局にとって、こうした「個別のタスクを積み上げて、最終的にセミナーの形にする」という運営方法は、決して効率的とは言えません。何より事務局にかかる時間的・物理的負担が大きすぎます。

その点、セミナー大作戦は、**「先にセミナーの完成形を設定し、それに沿って作業を進める」という運営スタイル**です。

セミナーが始まるときに何が揃っていればいいか。セミナーが終わったときに何を回収できればいいか。これらを開催前に設定しておき、参加者にはそれに沿った作業をしてもらいます。その結果、セミナーが始まるときは自動的に課題やアンケートが揃い、終わったときにはそのまま報告・管理できる完成形の成果物が出来上がっています。このスタイルのほうが、時間と手間がかからず業務効率が格段にアップします。

セミナー前、事務局は、受講者みんなで共同編集できるファイルを作成し、「ここに課題を記入してください」と一斉アナウンスするだけ。あとは参加者が各々、課題なりアンケートなりをファイルに記入すれば、自動的にセミナー資料が出来上がっていきます。

セミナー終了後も、「事後アンケート」という1つのテンプレートファイルに、参加者がそれぞれ書き込んで更新するだけ。いちいち個別に回収する必要もなければ、バラバラに届いたアンケートを集約する作業もなし。そのファイルがそのまま事後アンケートの完成形になっています。

図53　従来の方法とセミナー大作戦の違い

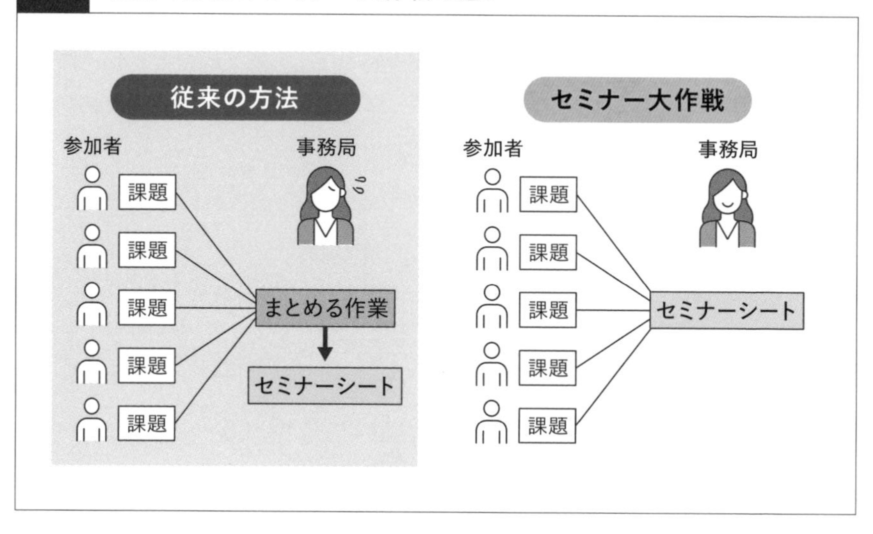

極端な言い方をすると、事務局は箱だけ作っておけば、あとは「見てるだけ」でＯＫ。「事務局は空箱を用意、受講者が箱に成果物を放り込む」ただそれだけなのです。

One Postingでセミナーの全プロセスをコントロール

セミナーを開催する際、事務局では「事前準備」「セミナー中」「終了後」の３つのステップごとに運営を考える必要があります。

ワークショップ形式のセミナーを開催する場合、事務局が行う各ステップの具体的な作業は以下のようになるのが一般的でしょう。

STEP① 事前準備

①セミナー概要資料の作成
②参加者リスト＆アンケートシートの作成
③セミナー用チーム＆チャネルの作成・登録

④グループごとのタグ設定
⑤セミナーワークシートの作成
⑥セミナー資料一括管理フォルダーの作成＆ファイル保存
⑦開催案内のアナウンス投稿

STEP② セミナー中

ワーク（個人＆グループ）の管理

STEP③ 終了後

①事後アンケート＆事後課題の依頼＆回収
②事務局内での報告レポート作成

これらの3つのSTEPすべての作業を、1つの投稿内ですべてコントロールし、一括で管理するのが「セミナー大作戦」です。

次項からは、STEPごとの具体的な運営手順の解説になります。

その際、よりわかりやすくするために社内における架空セミナーを設定しました。概要は以下のとおりです。

セミナータイトル　：『業務効率改善セミナー』
　　　　　　　　　　Teams会議による社内オンライン・ワークショップ
セミナー開催日時：2022年9月1日　13：00～16：00
セミナー参加者　：15名（部署をまたいで選ばれたランダムなメンバー）
　　　　　　　　　　1チーム5名の3グループ（A、B、C）に分ける

※自己紹介、事前アンケート、事前課題あり
※個人ワーク、グループワークあり
※事後アンケート、事後課題あり

では次から、この架空セミナーをセミナー大作戦で開催・運営するプロセスを、主に事務局目線で説明していきます。

16 セミナー大作戦 STEP① 事前準備 資料作成から開催告知まで

準備① セミナー概要資料の作成

事前準備の第一歩は、セミナー概要資料の作成です。

この場合なら、「業務効率改善セミナー」というセミナー名とその概要（何について学び、どんなワークを行うかなど）、そして事前課題がある場合はその内容を記した資料を作成しておきます（**図54**）。

図54 事前に準備しておく資料

業務効率改善セミナー
概要と事前課題
E-Visions 人事部 山田 栄一

1

セミナーの概要

目的：業務効率改善の基礎を学ぶ。
ゴール：自部署における改善テーマとその対応案を作成する。
講師：DX推進室 小宮室長

2

事前課題

1. 今見えている自部署における業務効率改善テーマを書き出してください。
2. 自己紹介シートの作成

セミナー開催案内投稿で記入先を確認してください。
事前課題は、事前課題と書かれたエリアに
自己紹介は、自己紹介と書かれたエリアに
記入してください。

3

資料の内容

1. セミナータイトル
2. セミナーの概要説明
3. 事前課題の説明

準備② 参加者リスト&アンケートシートの作成

次に行うのは、参加者リストとアンケートを1つにまとめたExcelシートの作成です。その際、以下の手順が必要となります。

手順①グループ分け&リーダー決め

15人のセミナー参加者が確定したら、メンバーを「5人で1組」にしてA、B、Cの3つのグループに分けます。その際、各グループのリーダーを決めておきます（**図55-①**）。

手順②参加者リスト&アンケートシートを作成

グループ分けされた参加者リストとアンケートをExcelシートに記入していきます。アンケートは、事前・事後で行いますので、それぞれのシートを用意しておきましょう。

- シート1に「参加者リスト+事前アンケートの項目」
- シート2に「参加者リスト+事後アンケートの項目」

と2つのシートをそれぞれ作成します（**図55-②**）。

例に挙げた「業務効率改善セミナー」の場合、事前アンケートなら、

「これまでに業務効率改善を推進したことがあるか？」

「ある場合、具体的に何をしたか？」

「セミナーに期待することは？」

などが挙げられます。

事後アンケートなら、

「セミナーの感想」

「あなたの部署で活用できそうなこと」

などでしょうか。

いずれのアンケートも、開催するセミナーの内容に沿った質問項目を事前に記入しておきます（**図55-③**）。

セミナー参加者は事前に各々で、Teamsにアップされたこの Excelファイルの事前アンケートへの回答を記入することになります。

図55　セミナー参加者＆アンケートExcel

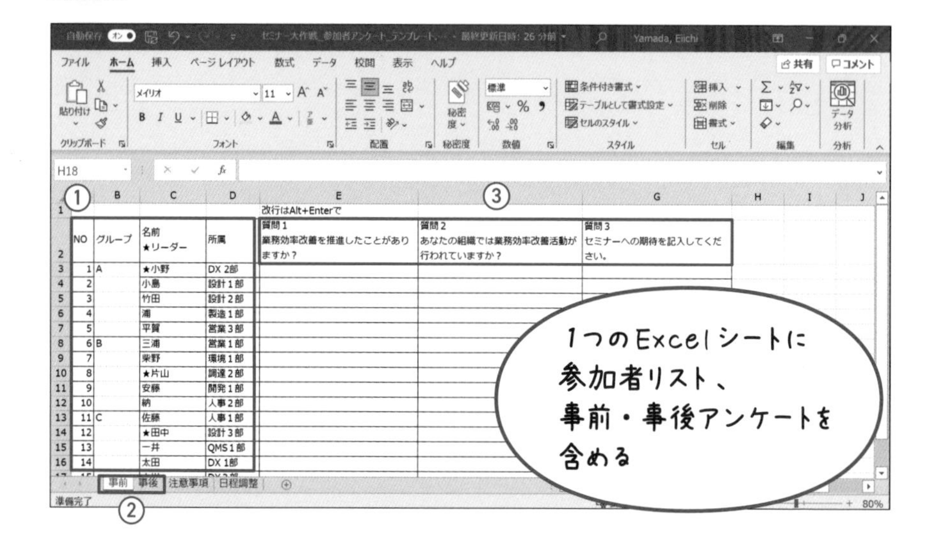

準備③　セミナー用チーム＆チャネルの作成・登録

もし、セミナー用に使えるチームがない場合は、新たにチームを作成する必要があります（会社によっては、チームの作成権限を決められた管理者にのみ与えている場合もありますので、その場合はTeamsを管理・運営している担当者に相談してください）。

まず、セミナー用のチームに事務局、講師、参加者をメンバー登録します。

新規チームの作成方法は以下のとおりです。

①チーム画面（**図56-①**）から【チームに参加、またはチームを作成】をクリック（**図56-②**）。

②チーム作成メニューの【チームを作成】（**図56-③**）→【最初から】（初めからチームを作成する）を選択（**図56-④**）。

③チームの種類を選択。ここでは指定ユーザーのみ参加可能な【プライベート】を選択（**図56-⑤**）。

図56　セミナー用新規チームの作成

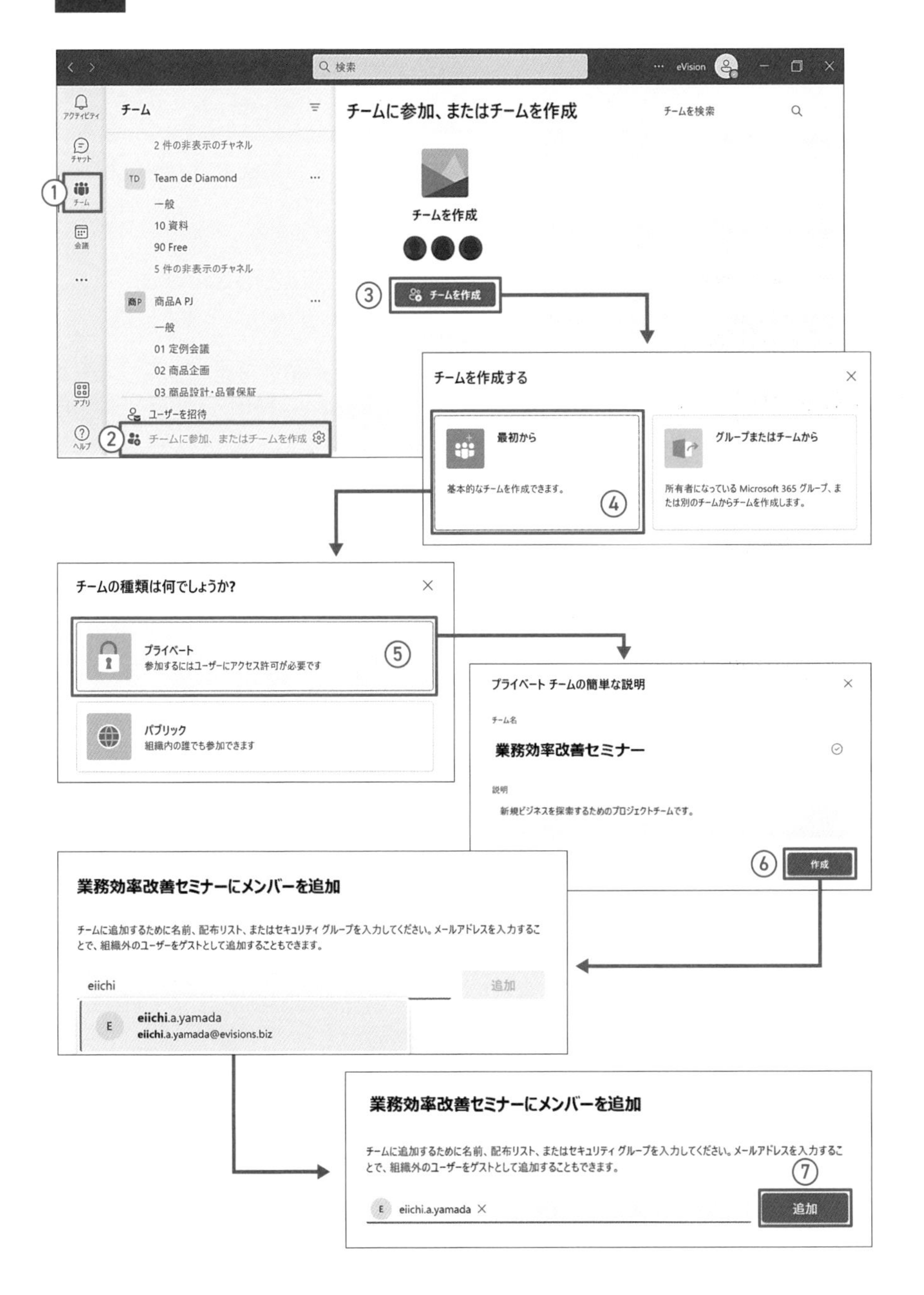

④チーム名に「業務効率改善セミナー」、説明欄に本セミナーの説明を入力して【作成】をクリック（**図56-⑥**）。
⑤表示されたメンバー追加画面で、今回の事務局メンバー、講師、セミナー参加者15名を全員入力して【追加】をクリック（**図56-⑦**）。

次にそのチーム内にセミナー用のチャネルを作成します。

①「業務効率改善セミナー」チーム名の右にある【…】（その他のオプション）（**図57-①**）から【チャネルを追加】（**図57-②**）を選択。
②チャネル作成メニューで、チャネル名に「01 業務効率改善セミナー9月」と入力（**図57-③**）。説明文を記入し、【プライバシー】では【標準】を選択（**図57-④**）して【追加】をクリック（**図57-⑤**）。

これで「業務効率改善ワークショップ」用のチーム作成と参加者登録、チャネル作成が完了です（**図57-⑥**）。

別のセミナー、例えば、若手人材育成セミナーを開催する際は、「02 若手人材育成セミナー」といったチャネルを作れば、かなりの数のセミナーをこのチームの中で運営できます。

図57 チーム内にセミナー用のチャネルを作成

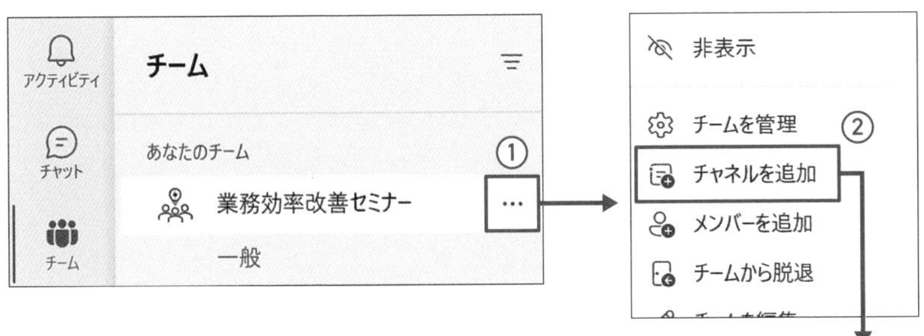

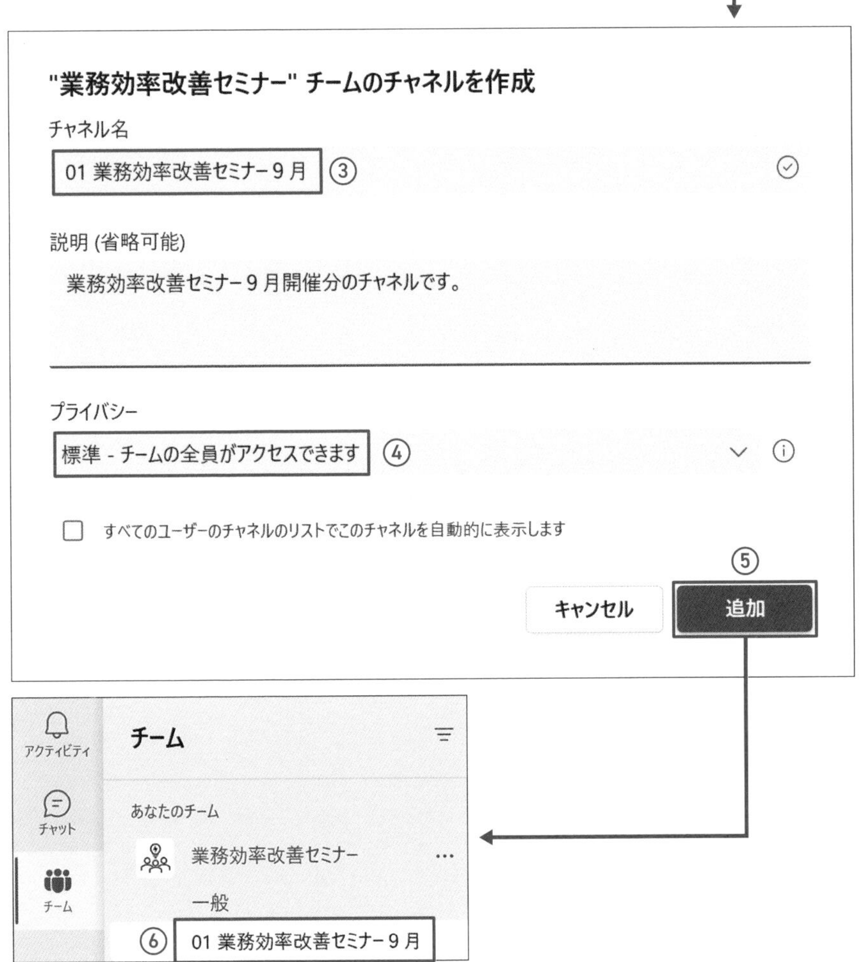

準備④　グループごとのタグ設定

セミナーにおいては、グループごとに連絡をしたいときもあります。その場合は、タグを使用すると便利です。タグを用意しておけば、簡単にグループチャットを作成することもできます。やり方は次のとおりです。

以下の手順に従って参加者を分けた3つのグループ（A、B、C）ごとに「タグ」を作成します。

①「業務効率改善セミナー」チーム名の右にある【…】（その他のオプション）をクリック（**図58-①**）し、【タグを管理】を選択（**図58-②**）。
②【タグを作成】をクリック（**図58-③**）し、表示された画面にタグ名「グループ名（ここでは仮にA、B、C）」とタグの説明文を入れる（**図58-④**）。
③ユーザーには、事務局（自分）、講師、グループのメンバーを登録（**図58-⑤**）し、【作成】をクリック（**図58-⑥**）する。

このグループタグは、【STEP②セミナー中】のグループワークでも活用します。

MEMO

グループタグ名には「日付」を付ける

上記の手順②では、作成したグループごとのタグ名として、便宜的に「A」「B」「C」というグループ名のみを使っています。

ただ実際にグループタグ名を付けるときは「○（グループ名）＋日付」というように、グループ名のあとにセミナーの開催日を加えておくことをおすすめします。そうすることで、そのグループがどのセミナーの参加者なのかが一目瞭然となり、セミナー後のフォローアップの際も迷うことなくそのグループにアクセスできます。

図58 グループごとにタグ設定を行う

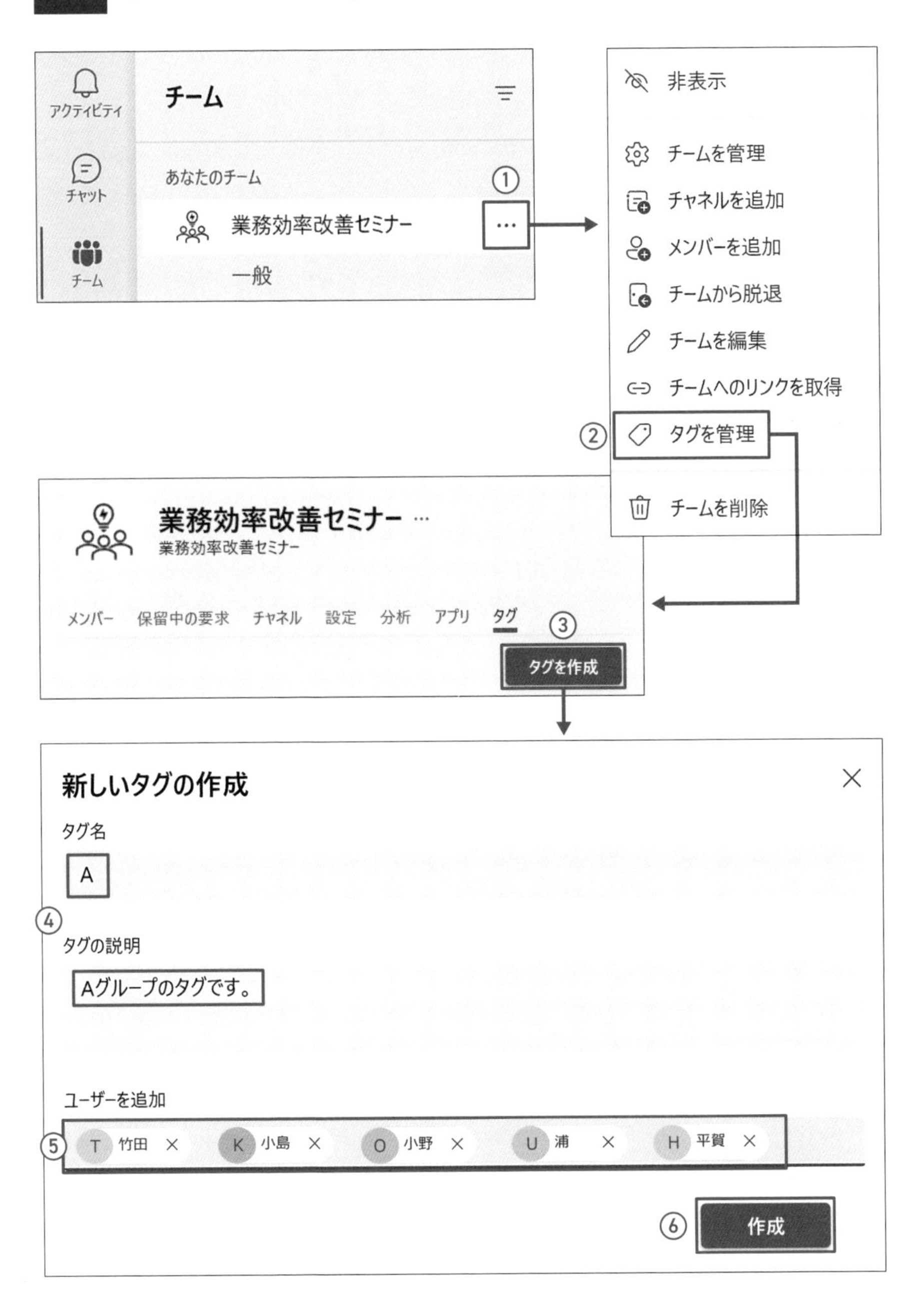

準備⑤　セミナーワークシートの作成

事前準備の最大のポイントはバックキャスト運営における「完成形の箱づくり」、つまりTeams上で参加者が作業するためのテンプレートファイルを作成することです。このステップさえ済ませてしまえば、セミナー運営は格段に楽になります。

セミナーによって成果物は異なりますが、ここでは私が経験したフルメニューの成果物を扱うケースを例に挙げています。具体的には、事前準備物として「自己紹介」「事前課題」「セミナー中に行う個人ワークとグループワーク」「セミナー後の気づき（感想など）」「講師へのQ＆A」「セミナー後の事後課題」です。これらは、セミナーにおける成果物です。加えて、事務局側の今後の参考としてセミナーの理解度確認のアンケートなども用意しておくといいでしょう。

参加者はセミナーワークシートのテンプレートをコピーしておき、各自で記入ページを準備します。そして、セミナー前は自己紹介と事前課題を、セミナー中は個人とチームのワーク、セミナー後は事後課題をセミナーワークシートに記入します。

最初にここに示したようなできるだけ汎用性のあるワークシートを作成してテンプレートにしておけば、別のセミナーやワークショップを開催する際にも、内容に合わせてアレンジを加えるだけで活用できます。

セミナーのたびにワークシートを１から作成するという手間を極力省くこともまた、業務効率改善の取り組みの１つになるのです。

図59　セミナーワークシート（グループごと）

ワークシートの内容

1. セミナータイトル
2. 自己紹介
3. 事前課題
4. 個人ワークシート
5. グループワークシート
6. 気づき
7. Q&A
8. 事後課題

業務効率改善セミナー
概要と事前課題
E-Visions 人事部　山田　瑛一

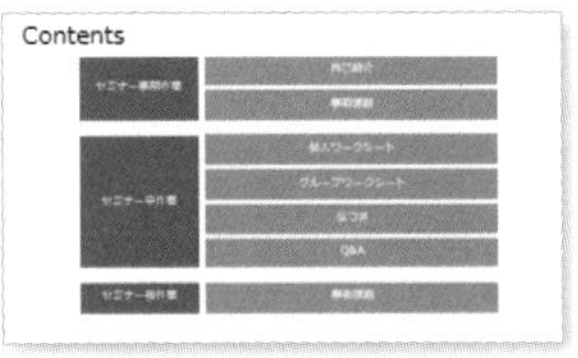

事前課題と自己紹介

自己紹介　名前：所属
このシートをコピーして各自の自己紹介を作成
名前、所属は、タイトルを部分に記入。
自己紹介には、現在の業務、特技、趣味、セミナーへの期待を記入

事前課題 [名前] タイトル
このシートをコピーして各自の事前課題を作成
名前、タイトルを記入。
作成内容は、事前課題説明を参照

セミナーワークシート
個人・チーム・気づき

個人ワーク[名前]
このシートをコピーして個人ワークを作業を行う。

グループワーク タイトル
このシートをコピーしてグループワークを作業を行う。

気づき[名前] タイトル
このシートをコピーして気づきを記入する。

Q&A
このシートをコピーしてQ&Aを記入。

事後課題

事後課題[名前] タイトル
このシートをコピーして事後課題を行う。

準備⑥　セミナー資料一括管理フォルダーの作成＆ファイル保存

これまでの事前準備で作成したすべてのセミナー用ファイルを一括管理するための「セミナー用フォルダー」を作成します。作成する場所は、セミナー用チャネル内の【ファイル】タブです。

ファイルタブにフォルダーを作成する手順は以下のとおりです。

①チャネル画面上部のタブ一覧から【ファイル】（**図60-①**）を選択し、【新規】をクリック（**図60-②**）。

②一覧から【フォルダー】を選択（**図60-③**）し、フォルダー名を入力して【作成】をクリック（**図60-④**）。フォルダー名は「セミナー名＋開催日」がいいでしょう。この例の場合は、「業務効率改善セミナー0901」です。

③ファイル一覧の最上部に新規フォルダーが表示されます（**図60-⑤**）。

このフォルダに、準備①②⑤で作成した「セミナー概要資料」「参加者リスト＆アンケートシート」「セミナーワークシート（A、B、C）」をアップロードします。

さらにこの段階で、保存した各ファイルのリンクを取得して、パソコンのメモ帳アプリやクイック ノート（⊞＋nまたは⊞＋alt＋nで起動）に保存しておきましょう。リンク取得の手順は、

①アップロードしたファイル右側の【…】（その他のオプション）をクリック（**図61-①**）し、【リンクをコピー】を選択（**図61-②**）。

②それをメモ帳アプリやクイック ノートにペースト保存（**図61-③**）。

となります。ここで面倒くさがらずこのプロセスを終えておくと、後々作業がかなり楽になります。

もしこの作業を行わないと、P.90で紹介した作業方法で保存したファイル数と同じ回数だけ行わなければならないので、かえって手間がかかってしまいます。

図60 ファイルタブにフォルダーを作成

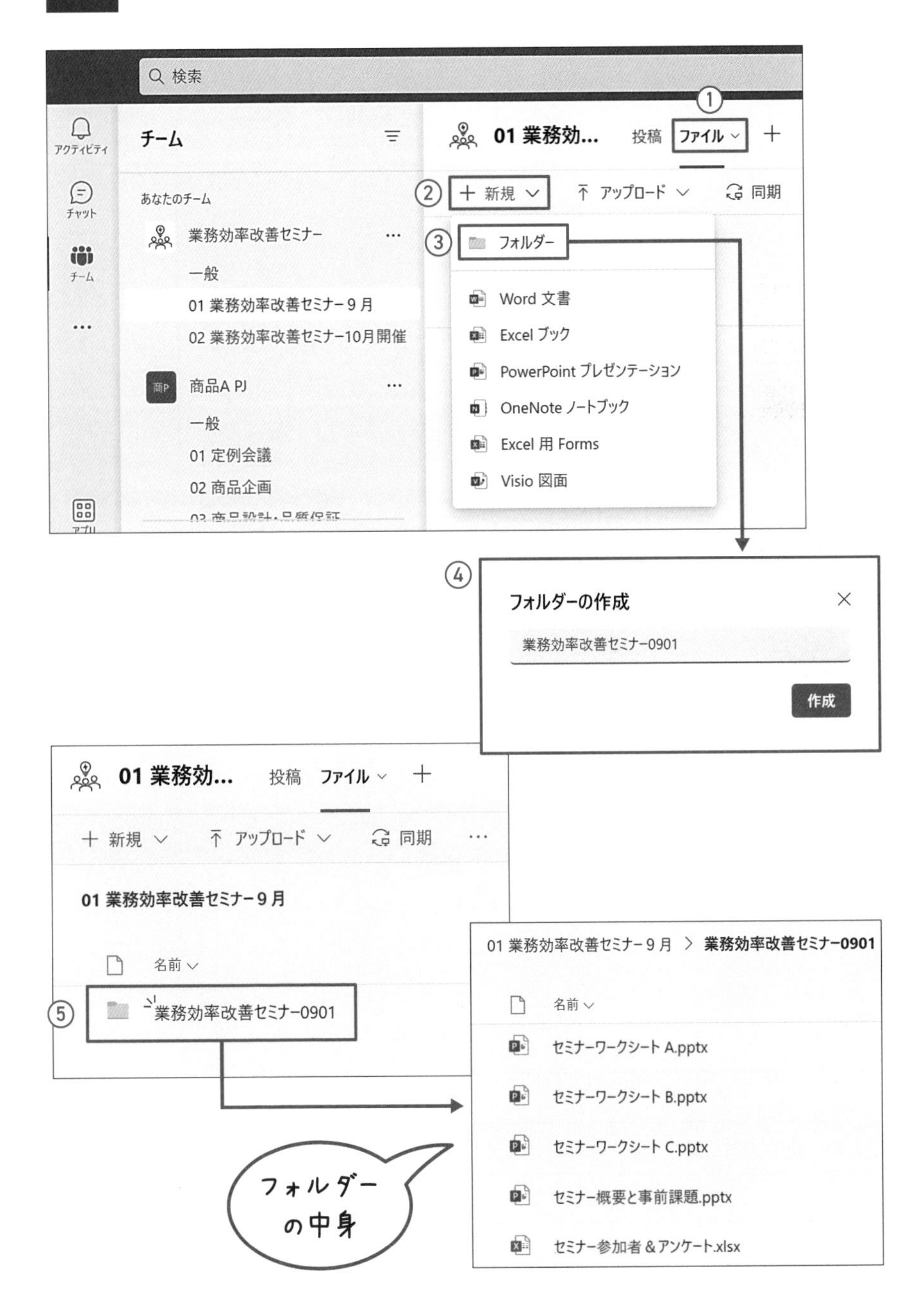

図61 **リンクの取得**

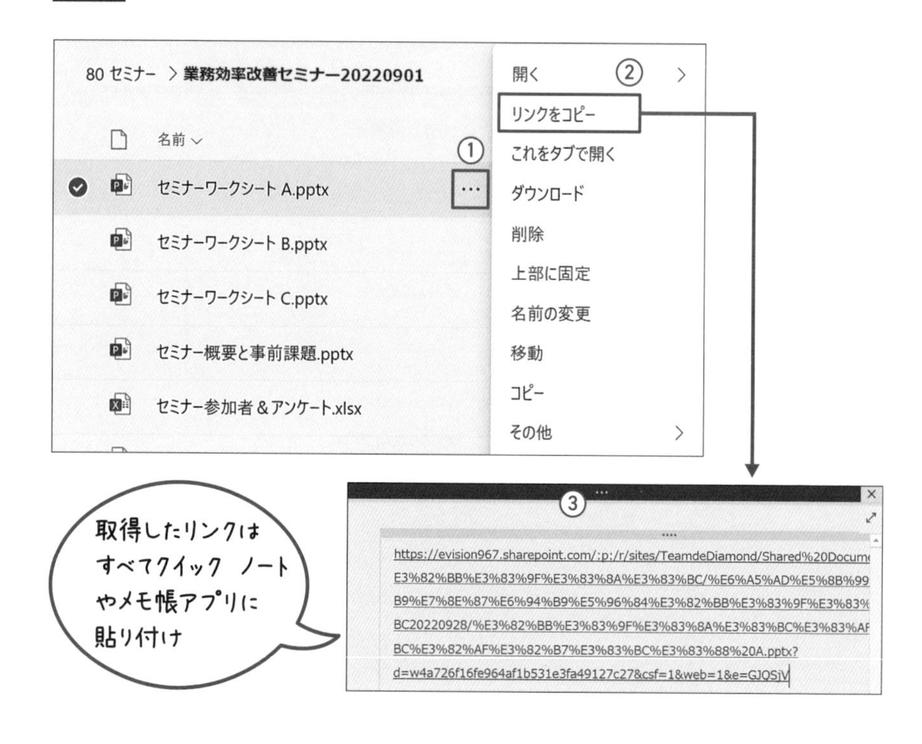

準備⑦　開催案内のアナウンス投稿

最後は開設したセミナー用チャネルへの「セミナー開催案内」の投稿です。この投稿では開催のお知らせと同時に、事前作業の依頼を行います。

ここでは、チャネル内でセミナーの開催案内をより際立たせるために、通常の投稿ではなく、「アナウンス」による投稿に挑戦しましょう。

チャネルの【新しい投稿】(**図62-①**) から【A͟】(書式) を選び (**図62-②**)、表示された入力欄右上の【新しい投稿】を【∨】(プルダウン) して【アナウンス】を選択 (**図62-③**) すると、作成画面が表示されます。

アナウンスは「見出し」「サブヘッド (中見出し)」「アナウンス (本文)」によって構成されます (**図62-④**)。

図62 アナウンスによる投稿

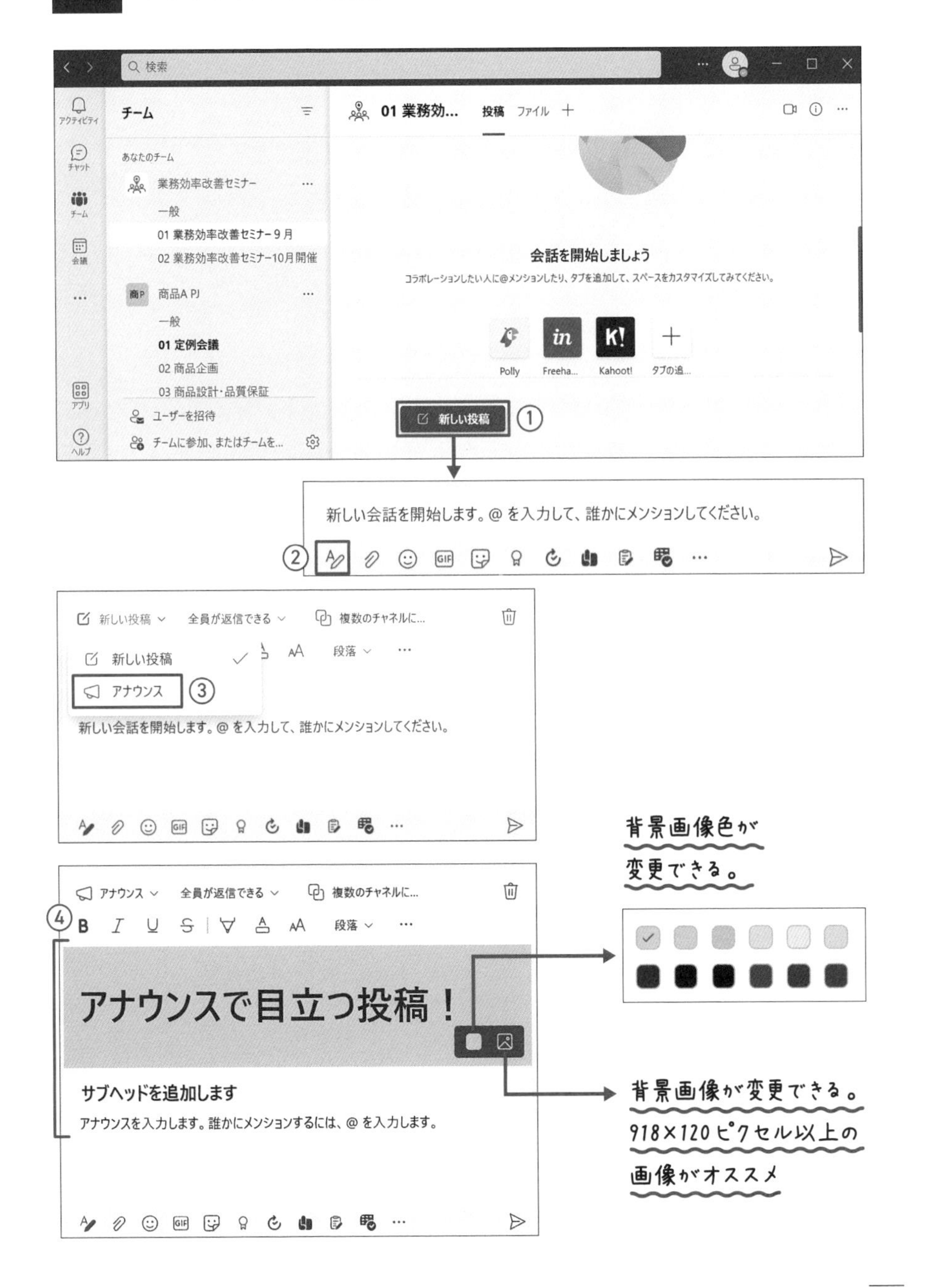

このアナウンス機能を使って**図63**のような「業務効率改善セミナー」の開催案内を作成します。

まず、アナウンスの見出しに、「セミナー名」を入力します。今回は「業務効率改善セミナー0901」とします（**図64-①**）。

次にアナウンスのサブヘッドに、「開催告知」を入力します。「研修開催と事前作業のお知らせ」（**図64-②**）とします。

アナウンスの本文には、開催日時や開催方法、参加者グループへのメンション、参加者への依頼事項などを入力します（**図64-③**）。

Teams会議で開催する場合は、P.60～61を参照し、設定した会議のURLを「セミナー参加者はここをクリック」に埋め込みます（**図64-④**）。

図63　**「業務効率改善セミナー」の開催案内**

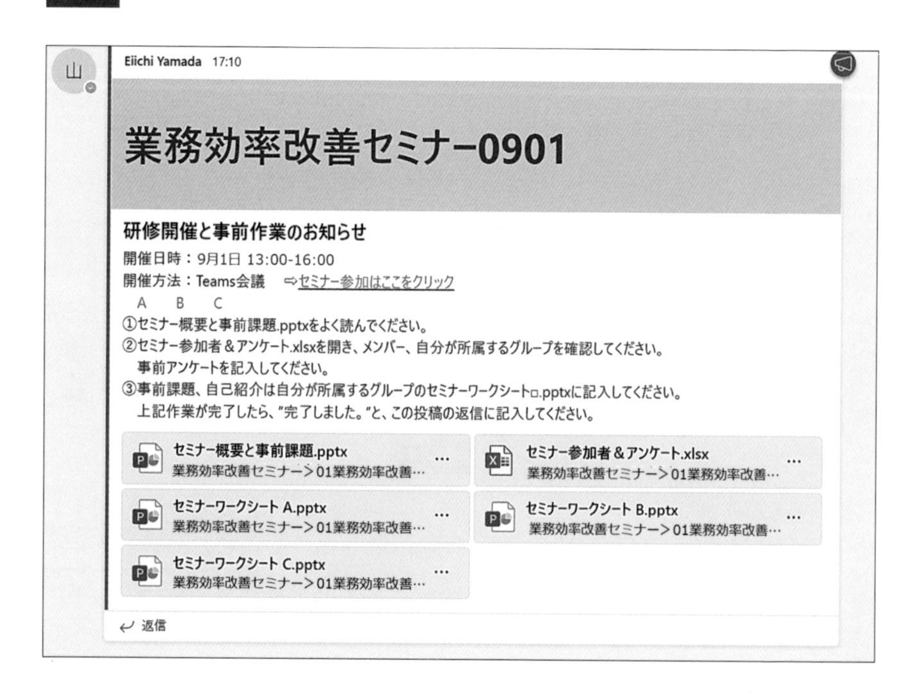

図64　アナウンス機能を使ったセミナーの告知

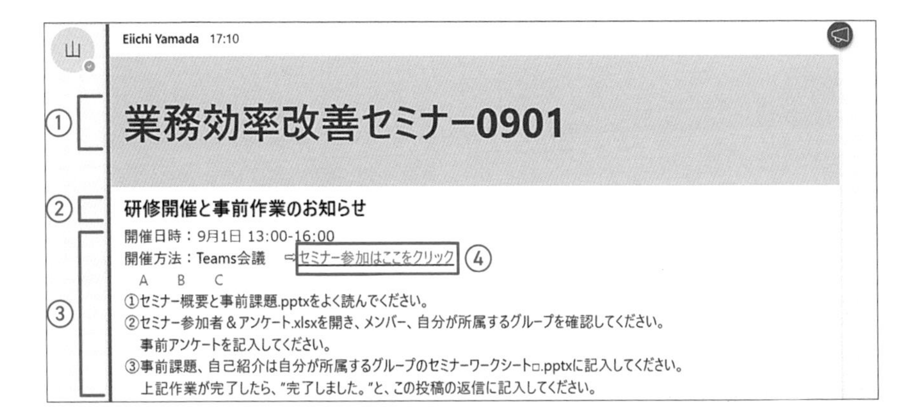

依頼事項には今回のセミナーの内容を記載します。

①セミナー概要と事前課題.pptxをよく読んでください。
②セミナー参加者＆アンケート.xlsxを開き、メンバー、自分が所属するグループを確認してください。事前アンケートを記入してください。
③事前課題、自己紹介は自分が所属するグループのセミナーワークシート□（A、B、Cのいずれか）.pptxに記入してください。

依頼事項のあとに、完了記入依頼を行います。

上記作業が完了したら、“完了しました。”と、この投稿の返信に記入してください。

さらに、準備⑥でメモ帳アプリやクイック ノートに保存した「セミナー概要資料」や「参加者＆アンケートシート」「セミナーワークシート（A、B、Cのいずれか）」の各ファイルのリンクを、この投稿の最下部に、必ず１つずつコピペしておきます（**図65-①**）。

リンクが貼り付けられると、帯付きのファイル名が表示されます。投稿をすっきりさせるために、ファイルイメージが表示されたら、貼り付けたリンクは削除しておきましょう（**図65-②**）

複数のリンクをまとめて貼り付けても、すべてのファイルが帯表示されません。ここは面倒でも、1回1回この作業を繰り返すようにしましょう。

こうすることで、投稿本文の下にすべてのファイルが帯表示され、参加者が迷うことなくファイルにアクセスできるようになります。

その他、注意事項などがあれば入力して送信。これで「セミナー開催案内」

図65　ファイルのリンクを投稿の最下位部に入れる

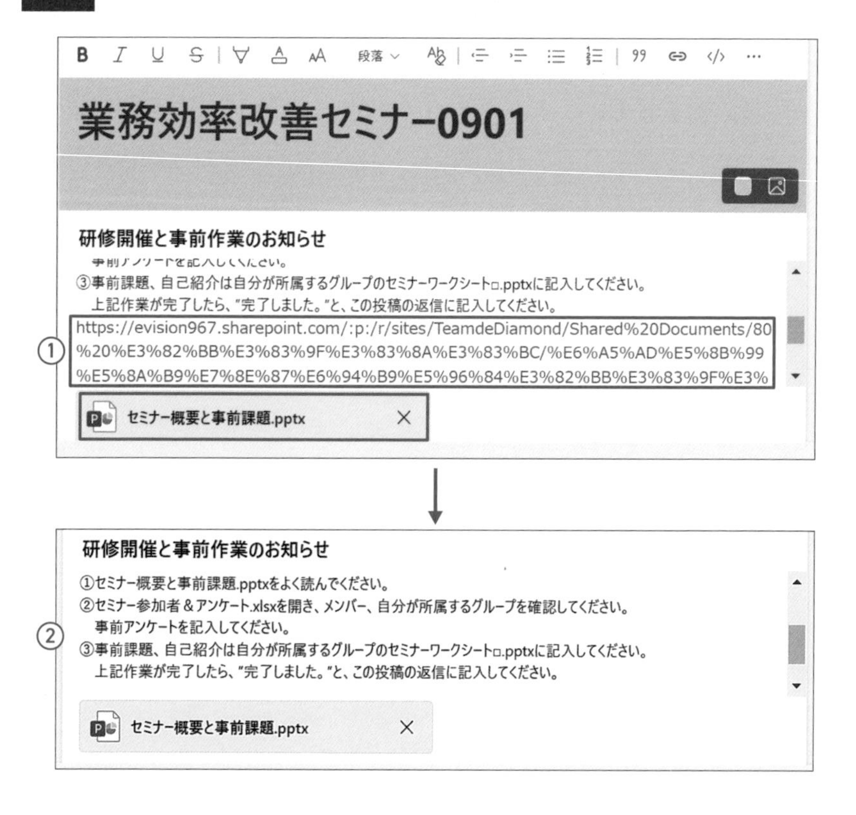

メッセージの投稿は完了です。

また、**一度作成した開催案内メッセージは、テンプレートとして「Wikiタブ」保存**しておくといいでしょう。タイトルや見出し、メンション先やファイルのリンク先を書き換えれば別のセミナーを行う際に再利用できて、より効率がアップします。

参加者は――「閲覧」「直に記入」「スライドのコピペ」で作業する

これまで事務局サイドが行うセミナー開催の事前準備のタスクを説明してきました。ここでは一度視点を変えて、「開催案内を受けた参加者サイドがやること」をまとめておきます。

図66 セミナー開催時の「参加者への依頼事項」画面

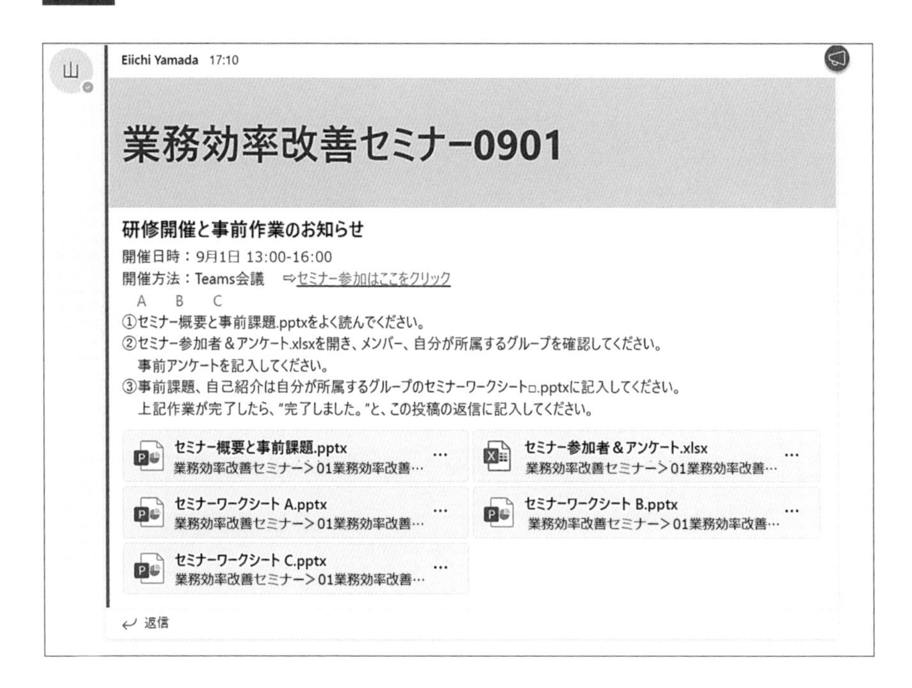

ここでも「業務効率改善セミナー」を例にとって説明します。

参加者はTeams上のセミナー用チーム（チャネル）に投稿された「セミナー開催案内」を確認し、依頼事項に沿って作業を行います。この場合なら

①セミナー概要と事前課題.pptxをよく読んでください。

→「セミナー概要と事前課題.pptx」にアクセス。ファイルを開いて閲覧し、セミナー内容を確認・理解します。

②セミナー参加者&アンケート.xlsxを開き、メンバー、自分が所属するグループを確認してください。事前アンケートを記入してください。

→「セミナー参加者&アンケート.xlsx」にアクセス。ファイルを開いて閲覧し、各々が事前に参加者と所属グループの確認、事前アンケートへの回答記入を行います。事前アンケートは、Excelシートの自分の欄に直接回答を記入します。

③事前課題、自己紹介は自分が所属するグループのセミナーワークシート.pptxに記入してください。

→自分が所属するグループの「セミナーワークシートファイル」にアクセス。ファイル上で、各々が事前に自己紹介の記入と事前課題の記入を行います。

自己紹介、事前課題ともに、「セミナーワークシート」内のテンプレートスライドをコピー&ペーストして自分の自己紹介内容、自分の事前課題の内容を上書き記入します（**図67**）。

すべての事前作業を終えたら、「セミナー開催案内」投稿の返信欄に「完了しました」と記入して返信します。

これらの作業はすべて、事務局がセミナー用チャネルに投稿した「セミナー開催案内」上で完結します。いちいち自分のパソコンにファイルをダウンロードして作業したり、それをメールで返信したりする必要がないので、参加者サイドも効率的なセミナーの準備ができます。

図67 「セミナーワークシート」内のテンプレートスライド

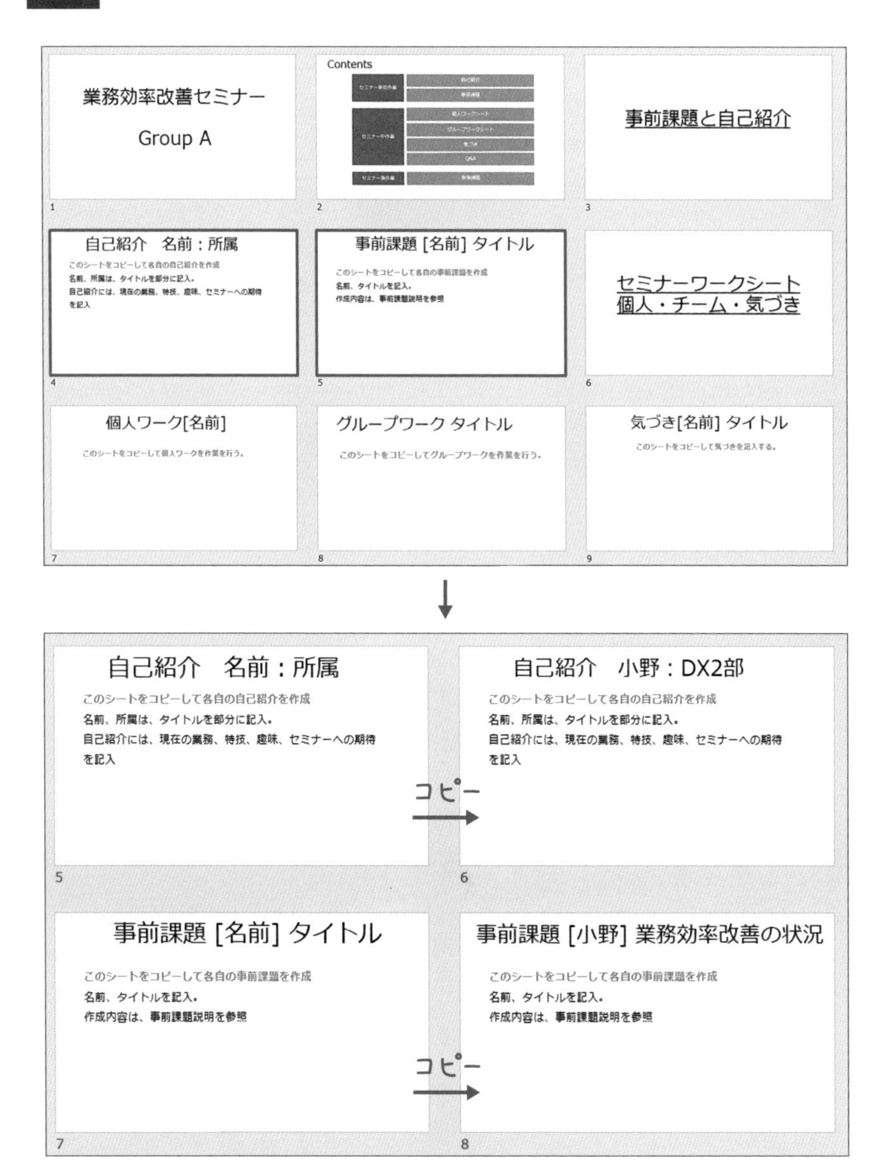

参加者は、Teamsのセミナー案内投稿に示されたファイルを開き、各自テンプレートをコピーして作業を行う

事務局は――開催案内の投稿後は「返信確認」だけ

事務局サイドのタスクに戻りましょう。

前述した準備①〜⑦を済ませてしまえば、それ以降、セミナー当日までに事務局がすることは、参加者から「完了しました。」の返信が届くのを確認（**図68**）する作業だけです。

参加者はそれぞれが指定されたファイルに対して作業を行うだけ。ファイルはその都度自動的に更新されていきます。そのため、事務局が個々にアンケートを回収したり、事前課題を回収して統合したりする手間が一切かかりません。

最初にテンプレートファイルを投稿しておけば、中身は参加者自身の手によって埋められ、ファイルが完成形に近づいていく――これが、セミナー大作戦の最大のメリットなのです。

図68　**事前作業の状況確認**

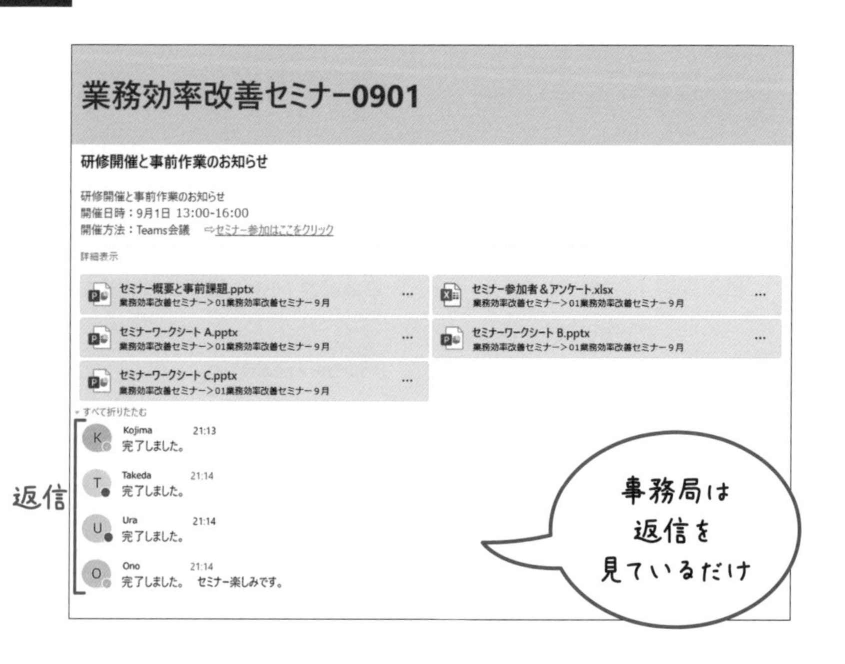

ただし、ときには「完了しました。」の返信を受けた後で、参加者に向けて内容に関して何らかの確認や問い合わせが必要になるケースもあるでしょう。そうした場合には、クイックメッセージの活用がおすすめです。
「記入完了」の返信メッセージについている参加者のアカウントアイコンをクリック（**図69-①**）します。表示された画面の【クイックメッセージを送信】欄にメッセージを入力して【▷】（送信ボタン）をクリック（**図69-②**）すれば、チャットスタイルでメッセージのやり取りができます。

チャットだけでなく、音声通話やビデオ通話もできる（**図69-③**）ので、状況に応じたスタイルで参加者と直接のコンタクトが可能になります。

図69 **クイックメッセージを活用しよう**

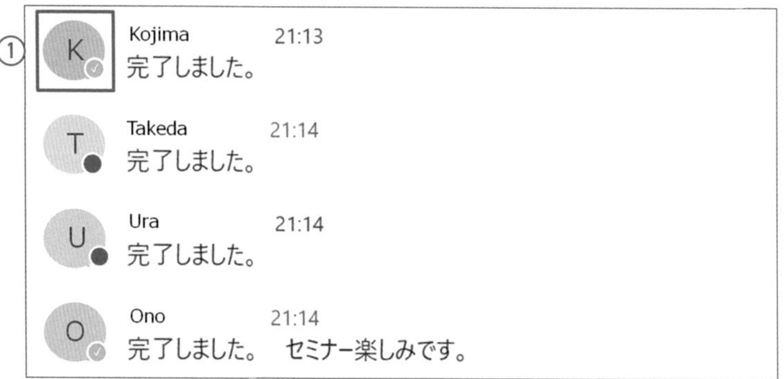

17 セミナー大作戦 STEP② セミナー中 指示と管理を同時進行でラクラク

セミナーワークシートでファイルを管理する

セミナーがスタートしてから事務局が行う主なタスクは、個人ワーク、グループワークの指示と管理になります。

といっても、やることは簡単。

ワークが開始されたら、事務局は以下のように参加者に指示を出します。

- セミナーシートを開いてください。
- テンプレートをコピーして、自分の作業用またはグループの作業用ページを準備してください。

図70 共同作業によるワーク

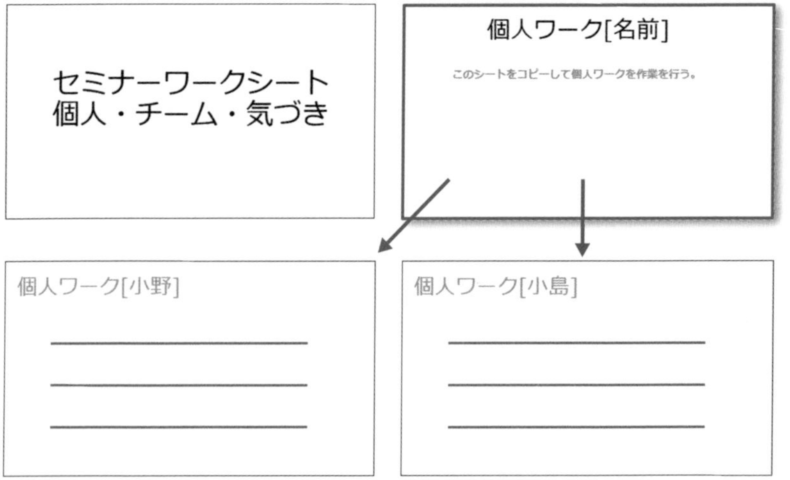

セミナーワークシート
個人・チーム・気づき

個人ワーク[名前]
このシートをコピーして個人ワークを作業を行う。

個人ワーク[小野]

個人ワーク[小島]

各自がそれぞれ自分のワークシートをコピーして作業する

これだけで事務局はファイルを一括管理できます。

テンプレートスライドをコピペして各自のスライドを用意させ、そこにワーク内容を記入してもらえばいいのです。

個人ワークの場合は、参加者一人ひとりが、各自でスライドをコピペしてワークを記入します。グループワークの場合はグループごとに、スライドのコピペとワークの記入を行います。

また、セミナーにおける「気づき」や「Q＆A」も、参加者各自が自分のシートをコピーして記入します。そうすることですべての作業が、最初に準備した「セミナーワークシート」上で完結します。

事務局は、ワークシートに次々とアップされるワークの成果物や気づきの内容を確認していればOK。すべてテンプレートスライドのコピペによる作業なので、書式や体裁のバラつきもなく、後の整理やまとめも不要な成果物や記述がファイル上に自動で積み上げられていきます。

図71　1グループあたりのワークシートページ数進捗とメリット

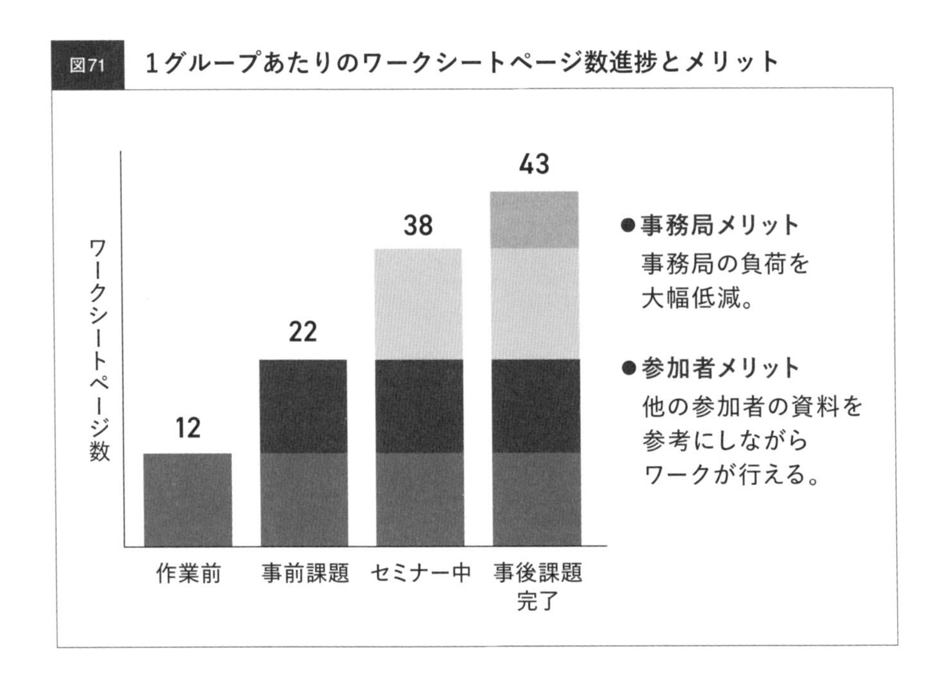

グループ討議は「タグからグループチャット」で

グループワークでは、Web上でのグループ討議（ブレイクアウトルーム）が必要なケースもよくあります。Teams会議でブレイクアウトルームを設定する方法もありますが、もっと簡単でスピーディなのが、事前に作成した「グループごとのタグ」から直接グループチャットに移行して打ち合わせを行うやり方です。

最初の「セミナー開催案内」投稿でメンションしたグループごとのタグをクリック（**図72-①**）。次に「グループでチャット」を選択（**図72-②**）し、開いたグループチャット画面で【 】（ビデオ会議アイコン）を選択（**図72-③**）すると、メンバーとビデオ会議ができます。

図72　グループワーク中のグループチャット

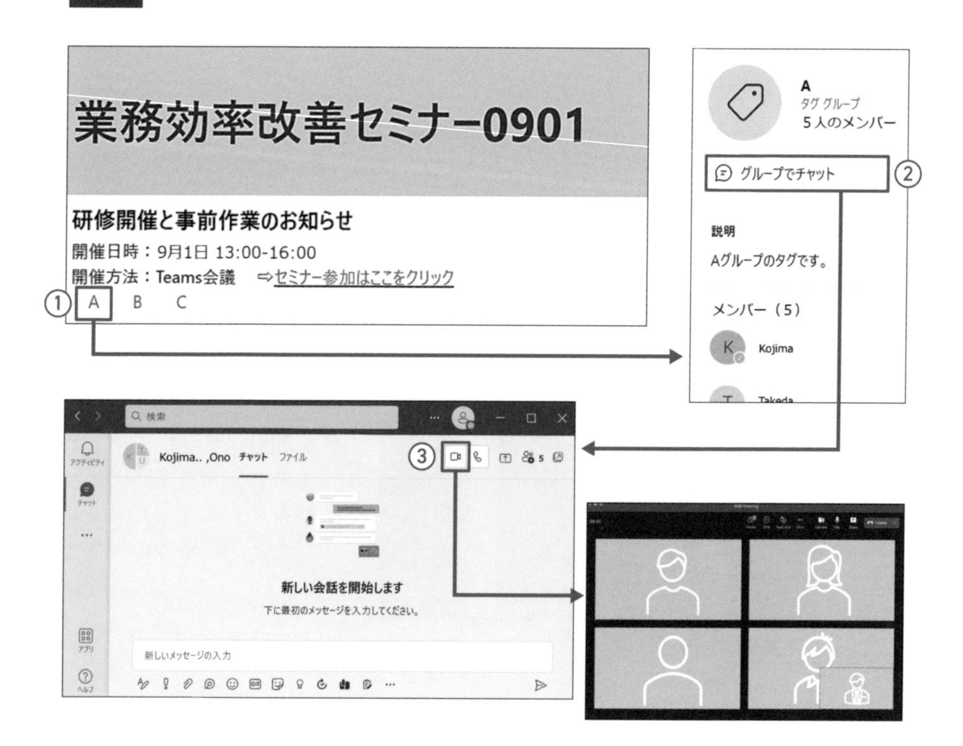

セミナーの最後に事後の依頼事項を説明する

セミナーの最後には、事後アンケートや事後課題の提出といった参加者へのセミナー後の依頼事項を説明してください。

その場で全員に「参加者リスト&アンケートシート」の事後アンケート、「セミナーワークシート」の事後課題テンプレートを開いてもらい、各自に作業の手順を確認させながら行うと、間違いや混乱を回避できます。

また、事後アンケートに関しては、回収の手間を省くためにもその場で記入してもらうのがいいでしょう(図73)。

図73 事後アンケート&事後課題の例

NO	グループ	名前 ★リーダー	所属	質問1 業務効率改善の手法を理解できましたか?	質問2 あなたの組織の他の人にもこのセミナーをお薦めできますか?	質問3 質問はありますか?
1	A	★小野	DX 2部			
2		小島	設計1部			
3		竹田	設計2部			
4		浦	製造1部			
5		平賀	営業3部			
6	B	三浦	営業1部			
7		柴野	環境1部			
8		★片山	調達2部			
9		安藤	開発1部			
10		納	人事2部			
11	C	佐藤	人事1部			
12		★田中	設計3部			
13		一井	QMS 1部			
14		太田	DX 1部			
15		山川	DX 3部			

事前 | 事後 | 注意事項 | 日程調整

18 セミナー大作戦 STEP③ セミナー終了後 事後の依頼事項について

開催案内を再編集して、事後の依頼事項をリマインド

セミナー終了後、参加者に事後アンケートや事後課題の提出を依頼する際は、最初の「セミナー開催案内」をリマインド用に再編集して投稿します。

チャネルに投稿した「セミナー開催案内」メッセージにマウスオーバーし、【…】（その他のオプション）（**図74-①**）から【編集】をクリック（**図74-②**）すると、メッセージ編集画面に切り替わります（**図74-③**）。そこで、

①大見出しには【事後アンケート＆事後課題提出】を追加、サブヘッドは【研修後の作業のお知らせ 締め切り10月5日】に書き換える（**図74-④⑤**）。
②各グループにメンションする（**図74-⑥**）。
③本文に事後の依頼事項を記入する。この例での依頼事項は以下の２つ。
- セミナー後アンケートをセミナー参加者＆アンケート.xlsxに記入。
- 事後課題を自分が所属するグループのセミナーワークシート□.pptxに記入。

次に『上記作業が完了したら、“事後課題、完了しました。”と、この投稿の返信に記入してください。』の一文を追加する（**図74-⑦**）。
④追加資料がある場合はその旨を本文に付け加え（**図74-⑧**）、資料ファイルはファイルタブ内に作成した「セミナー用フォルダー」に保存してリンクを取得し（手順はP.124図61参照）、リンクを本文に貼り付ける。本文内にファイルアイコンが表示されたらリンクは削除する（**図74-⑨**）。
⑤メッセージの【✓】（完了＆送信）をクリックする（**図74-⑩**）。

アンケートや課題の提出状況は「記入完了」の返信をチェックするだけ。参加者への問い合わせも、前述したクイックメッセージで行います。

図74 事後の依頼事項

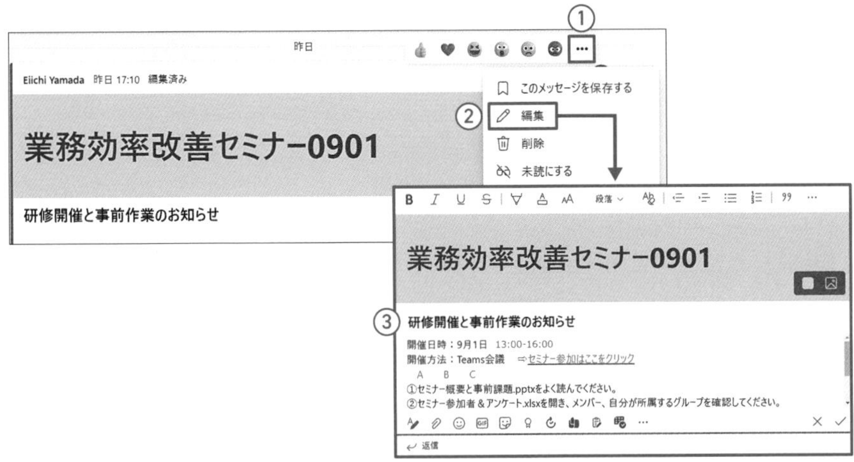
①
昨日
Eiichi Yamada 昨日 17:10 編集済み
このメッセージを保存する
②
編集
削除
未読にする
業務効率改善セミナー0901
研修開催と事前作業のお知らせ
段落
業務効率改善セミナー0901
③
研修開催と事前作業のお知らせ
開催日時：9月1日 13:00-16:00
開催方法：Teams会議 ⇨セミナー参加はここをクリック
A B C
①セミナー概要と事前課題.pptxをよく読んでください。
②セミナー参加者＆アンケート.xlsxを開き、メンバー、自分が所属するグループを確認してください。
返信

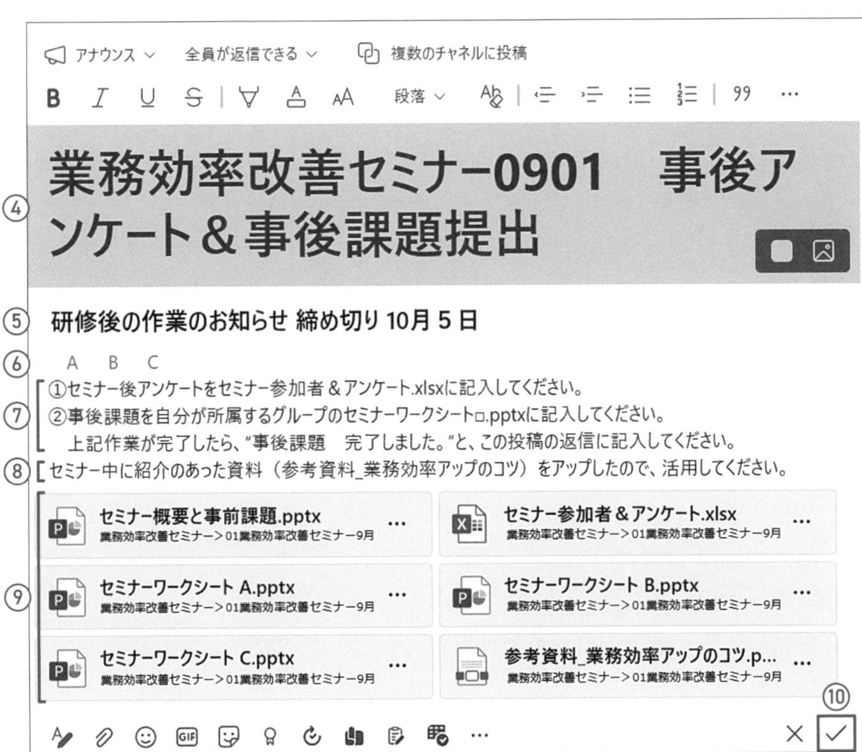
アナウンス
全員が返信できる
複数のチャネルに投稿
段落
④
業務効率改善セミナー0901 事後アンケート＆事後課題提出
⑤
研修後の作業のお知らせ 締め切り 10月 5 日
⑥
A B C
⑦
①セミナー後アンケートをセミナー参加者＆アンケート.xlsxに記入してください。
②事後課題を自分が所属するグループのセミナーワークシート□.pptxに記入してください。
上記作業が完了したら、"事後課題 完了しました。"と、この投稿の返信に記入してください。
⑧
セミナー中に紹介のあった資料（参考資料_業務効率アップのコツ）をアップしたので、活用してください。
⑨
セミナー概要と事前課題.pptx
業務効率改善セミナー＞01業務効率改善セミナー9月
セミナー参加者＆アンケート.xlsx
業務効率改善セミナー＞01業務効率改善セミナー9月
セミナーワークシート A.pptx
業務効率改善セミナー＞01業務効率改善セミナー9月
セミナーワークシート B.pptx
業務効率改善セミナー＞01業務効率改善セミナー9月
セミナーワークシート C.pptx
業務効率改善セミナー＞01業務効率改善セミナー9月
参考資料_業務効率アップのコツ.p...
業務効率改善セミナー＞01業務効率改善セミナー9月
⑩
返信

事務局内での報告は、各ファイルを提出するだけ

セミナー開催後、事務局に課せられる最後の業務が「事務局内での報告」です。

どんなセミナーが行われたのか。どんな成果があったのか。参加者の反応や評価はどうだったのか――などを事務局内で共有するために、結果報告資料の提出は欠かせません。

従来のセミナーにおける結果報告資料の作成は、セミナー終了後に参加者全員のアンケートやワーク成果物、課題などを整理して報告書類にまとめるという面倒臭くて手間暇のかかる作業でした。

でもTeamsでのセミナー大作戦ならば、そんな面倒な手間は一切かかりません。なぜなら事前に作成し、参加者が各自で記入した「アンケートシート」や「セミナーワークシート」が、すでにそのままで報告資料として使えるようになっているからです。

ですから結果報告では、事務局としての感想や気づき、今後の課題などをまとめたサマリーに、先の2つのファイルを加えた3点セットを、そのまま提出すればそれで完了、ということになります。

セミナー大作戦を活用すれば、膨大な数のファイルの集約作業、そして200を超える受講者とのメールのやり取りをたった1つのチームへの投稿で運営することができます。

みなさんお気づきのとおり、使用している機能は基本的なものばかりです。難しい機能の組み合わせなど一切ありません。

どのITツールにも言えることですが、導入したからすぐに業務効率が上がるということはありません。それはTeamsでも同じこと。ポイントは、業務効率が上がるようにTeamsを使う、ということです。

本章でご紹介したシンプルな方法を実践していただければ、これまでのセミナー運営の苦労がすべてなくなり、一気にストレスからも解放されることでしょう。

第4章

よくある質問Q&A

POINT

ここまでTeamsを活用した3つの業務効率改善ストラテジーを紹介してきました。最終章では、その戦略をより便利に、よりスムーズに実践するためのヒントをQ&Aスタイルで紹介します。

Q1

Teamsでの作業中に、よく使うWebサイトを簡単に表示・閲覧できる方法はありますか？

A1

Teamsで会議をしているときに、「競合他社のサイトを確認したい」「ニュースサイトから関連情報を得たい」「為替情報をチェックしたい」など、Webサイトを閲覧する必要があるケースも多いでしょう。

そのとき、いちいち別ウインドウでブラウザーを開くのは面倒だし効率もよくありません。逆に言えば、よく見るWebサイトを“Teams内で”素早く表示できれば、非常に便利で効率的な作業が可能になります。

そのためには「タブの活用」がおすすめです。

チーム（チャネル）の画面上部には、「投稿」「ファイル」「Wiki」という3つのタブがデフォルトで設定されていますが、必要に応じて新しいタブを追加設定することができます。

そこで頻繁に使用するサイトを新規のタブに設定すれば、そのタブをサイトのリンクとして活用できます。手順は以下のとおりです。

①画面上部のタブ一覧にある【＋】（タブを追加）をクリック（**図75-①**）。
②【タブを追加】ウインドウから、【Webサイト】を選択（**図75-②**）。
③表示された【Webサイト】ウインドウの「タブ名」にサイト名（**図75-③**）、「URL」にサイトのURLを入力（**図75-④**）して、【保存】（**図75-⑤**）。
④画面上部のタブ内にサイト名が追加される（**図75-⑥**）。

以降はこのタブを選ぶだけでTeams内にサイトが表示されます。

またチャネルの内容に応じて、自社公式サイトや社内の文書管理システム、社内精算システムなどをタブに組み込んでおけば、Teams上でいつでも文書管理や精算作業が可能になります。

図75　Webサイトをタブに追加する方法

Q2

Teamsを外部のクラウドストレージと連携させるにはどうすればいいですか？

A2

現在では多くの企業や個人が、GoogleドライブやDropboxといったクラウドストレージ（ファイルやデータをインターネット上で保存・管理するサービス）を活用しています。企業や組織でTeamsをより効率的に活用するには、こうしたクラウドストレージとの連携も不可欠になります。

連携させることで、Teams上で直接クラウドストレージに保存したファイルへアクセスでき、さらにそのファイルをチャネルにアップロードしてメンバーと共有することも可能になります。

Teamsとクラウドストレージとの連携手順は以下のとおり。ここではGoogleドライブとの連携を例にとって説明します。

①Teamsの画面左端のアプリバーにある【ファイル】をクリック（**図76-①**）。アプリバーにない場合は、【…】（その他のオプション）をクリック（**図76-②**）し、表示された一覧から「ファイル」を選択して表示させる。
②画面左下の【クラウドストレージを追加】をクリック（**図76-③**）。
③一覧表示の中から、「Googleドライブ」を選択（**図76-④**）。
④Googleドライブのログイン画面が表示されるので、自分のアカウントとパスワードを入力し、【次へ】をクリック（**図76-⑤**）。
⑤スマホなどで行うアクセス許可のための２段階認証を実行（**図76-⑥**）。

これでTeamsにGoogleドライブが埋め込まれ、連携完了です。ファイル画面のクラウドストレージ一覧にもGoogleドライブが表示されます。Teamsのファイル画面で「Googleドライブ」を選択して保存されているファイル（Excel、Wordなど）を選択すると、そのファイルがTeams内で開きます。

図76 TeamsにGoogleドライブを組み込む方法

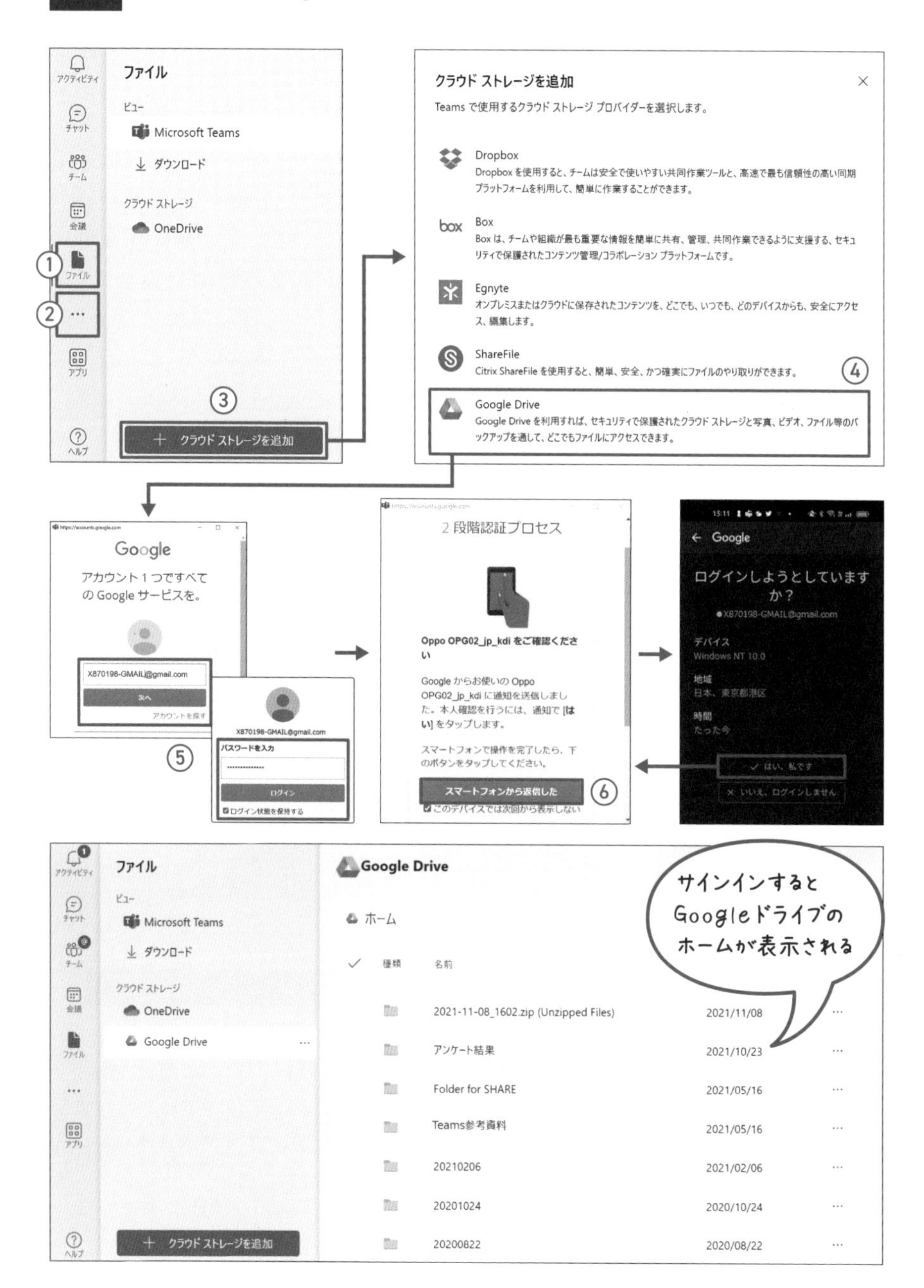

Q3

Teamsと既存の文書管理システムとの連携をどう考えればいいですか？

A3

書類のペーパーレス化が促進されている昨今、多くの企業や組織が電子化された文書の保管・活用・廃棄などを一括管理する「文書管理システム」を導入しています。私が実施しているセミナーでも、「Teamsを導入すれば、従来の文書管理システムは不要なのではないか」という質問を受ける機会が増えています。

しかし、文書管理システムとTeamsとではその活用目的が異なります。文書管理システムは、最終的に「完成された文書」を保管・管理するツール。Teamsは文書やドキュメントの作成や、そのために必要なチームコミュニケーションのサポートが目的のツールです。

つまり、Teamsを既存の文書管理システムの代わりにするのではなく、ツールの特性を活かして使い分ける。「文書の作成～完成まではTeams」「完成した文書の社内活用（レビュー、承認、登録、保存）は既存の文書管理」という方法です。その際、社内の文書管理システムWebサイトをTeamsのチャネルのタブに組み込んでおけば、より連携活用に便利です。

図77 Teamsと既存文書管理システムを使い分ける

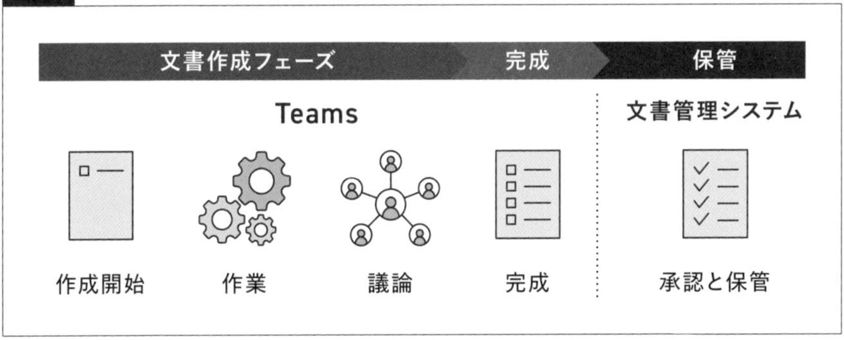

文書作成フェーズ
完成
保管
Teams
文書管理システム
作成開始
作業
議論
完成
承認と保管

Q4

チャネル名を付けるときのポイントを教えてください

A4

Teamsには、作成したチャネルは一覧に文字コード順で表示され、手動での並べ替えや場所移動ができないという弱点があります。

しかし、使用頻度や内容の重要度などによってチャネルの並び順を自由にソートして整理・変更し、使いやすくカスタマイズしたいと考える人は多いでしょう。そこでおすすめなのが、「チャネル名の先頭に番号を付ける」という方法です。チャネル一覧は数字でソートされるため、チャネル名の先頭に「01」「02」などの番号を付ければ、その順番で並べることができます。

例えば、課でまとめたいと思っていても、そのままのチャネル名では**図78**左のように別の項目が間に入ってしまいますが、並べたい順番通りに数字を入れておけば、見やすく整理できます。

図78　チャネル名の付け方例

一般	一般
営業1課	01 営業1課
営業2課	02 営業2課
営業DX課	03 営業DX課
情報共有	04 販売推進課
販売推進課	05 情報共有

Q5

もっとスピーディに会議の議事録を作成する方法はありますか？

A5

議事録作成が面倒なのは、会話をテキストに書き起こす作業が大きな手間になるからです。そこでぜひ活用してほしいのが「音声」による入力方法。

スマホではもうおなじみの音声入力ですが、実は同じようにMicrosoft 365のアプリWordにも、マイクからの音声をテキスト変換して入力できる音声認識（ディクテーション）機能が備わっています。

Teams会議の議事録作成にこの機能を使えば、キーボードでの手作業によるテキスト入力の手間がなくなるため、業務効率は格段にアップするでしょう。使い方は以下に記したとおり。いたって簡単です。

①Teams内で起動したWordの「ホーム」タブにある【🎙】（ディクテーション）をクリック（**図79-①**）。
②マイク型アイコンが青くなり音声認識がスタート（**図79-②**）。

Teams上でのWeb会議の音声と、マイクが拾う自分の声を同時に認識するように設定すれば、会議をしながらリアルタイムでの議事録作成が可能になります（設定方法については、パソコンによって異なるため、各自のサウンド設定を開き、ご確認ください）。

また、【⚙】（設定アイコン）から（**図79-③**）、話し手の言語やマイク入力、句読点の自動挿入の有効無効などを選択できます。

とはいえ、同音異義語が多いなど難しい日本語の音声認識機能はまだ「これから」という状況ではあります。そのためある程度の誤変換などには目をつぶる必要はあるでしょう。

図79 音声認識機能の使い方

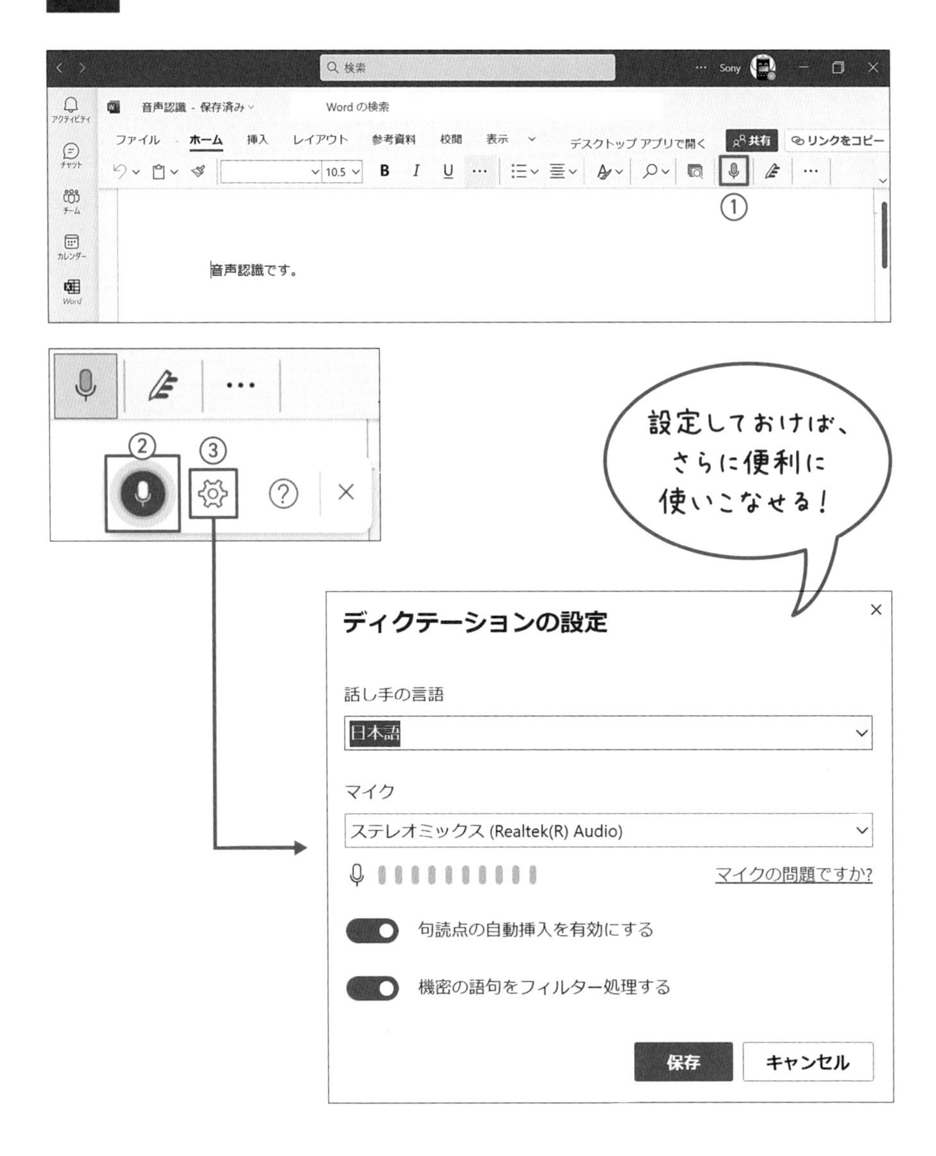

Q6

チャット中、過去の話題を引用したいときはどうすればいいですか？

A6

チャット中に、過去の投稿についてやり取りする場面はよくあります。

ところが、過去の投稿が他の投稿に埋もれてしまうことも。そこで、「チャット中に過去の話題を持ち出したい」ときは、当該メッセージの引用投稿を使うことをおすすめします。その手順は、

①引用したい過去の投稿ボックスにマウスオーバー（**図80-①**）。
②表示される【…】（その他のオプション）から（**図80-②**）【返信】を選択（**図80-③**）。
③そのメッセージが引用された新規作成ボックスが表示されるので、引用部分の下に新たなメッセージを入力して【▷】（送信ボタン）をクリック（**図80-④**）。これなら、過去のメッセージをそのまま引用できるので、話題の混乱や勘違いによるトラブルなどを回避できます。

また、過去のメッセージの一部分だけを引用したいときは、投稿メッセージの書式設定を使うという方法もあります。手順は次のとおりです。

①チャットの入力画面下段の【A̷】（書式設定）をクリック（**図80-⑤**）。
②表示された書式から【99】（引用）をクリック（**図80-⑥**）。
③投稿ボックスに表示された引用テキストの入力欄（グレー線部分）に、引用したい文章を直接もしくはコピペで入力（**図80-⑦**）。
④白地の入力欄に自分のメッセージを入力（**図80-⑧**）して【▷】（送信ボタン）をクリック（**図80-⑨**）。

メッセージ内容への質問や問い合わせをするときには非常に便利です。

図80　過去のメッセージを引用する方法

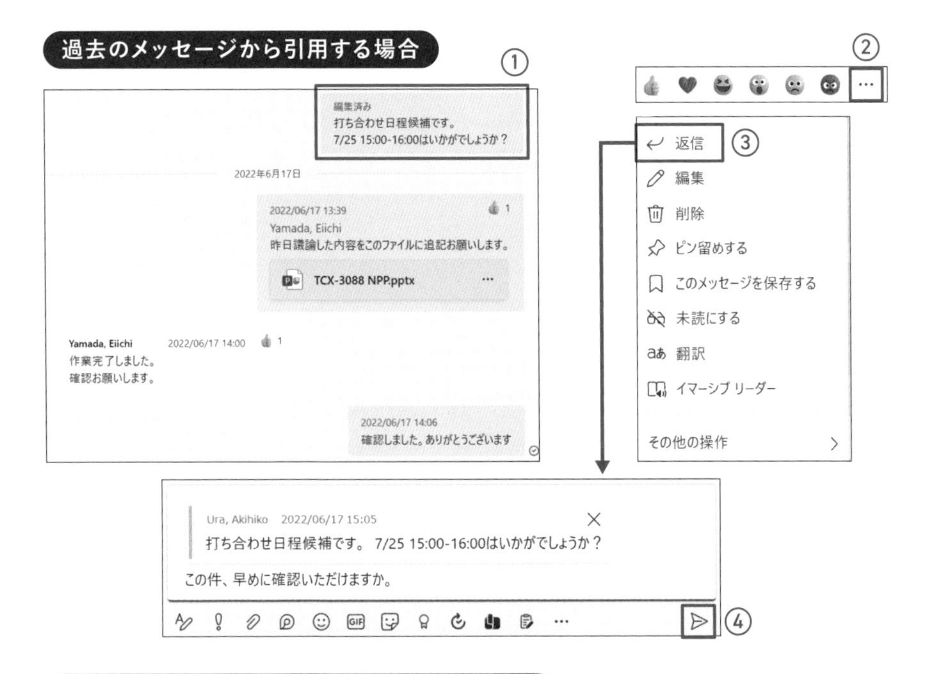

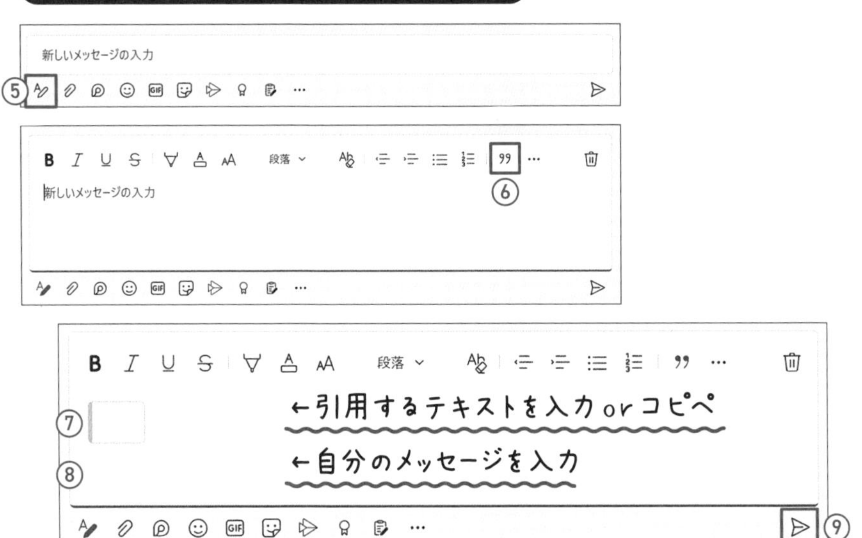

Q7

Excel以外でおすすめの使いやすいアンケート作成ツールはありますか？

A7

本書の「セミナー大作戦」では、セミナー用のアンケート作成ツールにExcelを使っています。ただ、私のセミナーなどではときに、「Excelだと質問項目が増えると記入しにくい」「Excelではグラフ化するのが面倒」といった声も聞こえてきます。

そこでもう1つご紹介したいのが「Microsoft Forms（以下Forms)」です。

FormsはMicrosoft 365有料版が提供するアプリの1つで、アンケートやテスト、問い合わせフォームなどを作成するツールなのですが、Teamsには「Excel用Forms」として組み込まれています。

Formsを使う大きなメリットは、アンケートの回答形式を選択できるという点。例えば質問の内容に応じて、

【選択肢】複数の選択項目から回答を選ぶタイプ
【テキスト】文章を入力して回答するタイプ
【評価】5段階評価で回答するタイプ
【日付】日付で回答するタイプ
【リッカート】多段階の評価項目から回答を選ぶタイプ

などの回答形式を選ぶことができるのです（**図81**）。また、集計結果を簡単にグラフ表示できる点もメリットと言えるでしょう。

チームのメンバーにアンケートを取りたい、みんなの意見を集めたいというときは、Formsでバリエーション豊かなアンケートを作ってみてはどうでしょうか。

図81 Excel用Formsによるアンケートの回答形式（作成例）

選択肢

1. あなたはTeamsを使いこなせていますか？

○ はい

○ いいえ

テキスト

2. どの作業に問題があると思いますか？

回答を入力してください

評価

3. 前回の改善施策は星いくつですか？

☆ ☆ ☆ ☆ ☆

カレンダーからの選択も可能

日付

4. 開催はいつがいいですか？

日付を入力してください(yyyy/MM/dd)

リッカート

5.あなたの状況に関して教えてください

	とても良くない	良くない	ふつう	良い	とても良い
コミュニケーションはいいですか？	○	○	○	○	○
学習意欲は高いですか？	○	○	○	○	○

ここではForms（Excel用Forms）によるアンケートの作成方法の概要を説明します。手順は以下のとおりです。

①チャネル画面上部のタブ一覧から【ファイル】（**図82-①**）を選択したら、次に【新規】をクリック（**図82-②**）し、プルダウンから【Excel用Forms】を選択（**図82-③**）。起動したらアンケート名を入力（**図82-④**）し、【作成】をクリック（**図82-⑤**）。
②「Excel用Forms」が起動したらURLをブラウザーにブックマークしておく、もしくは上部に表示されているURLをメモ帳アプリなどに記録しておく（**図82-⑥**）（再編集、結果確認の際に必要）。
③【新規追加】をクリック（**図82-⑦**）。
④アンケートの回答形式を選択し（**図82-⑧**）、質問を入力（**図82-⑨**）。質問が複数あるときは、これを繰り返す（質問ごとに回答形式を選択可能）。
⑤質問の入力が完了したら、画面上部の【◉】（プレビュー）をクリック（**図82-⑩**）。表示されたプレビューを確認し、修正が必要な際は「戻る」で修正（**図82-⑪**）していく。
⑥Forms画面の右上にある【…】（その他のオプション）から（**図82-⑫**）【設定】を選択（**図82-⑬**）し、内容に応じて「このフォームに入力できるユーザー」「回答のオプション」を選択（**図82-⑭**）。
⑦Forms画面右上の【回答を収集】（**図82-⑮**）から、アンケートの回答収集方法を選択（URLもしくはQRコード）し、回答者にこのアンケートを送信。
⑧アンケート実施後、ブックマークしておいたForms画面の【応答】タブを選択（**図82-⑯**）して集計結果を表示。【Excelで開く】を選択（**図82-⑰**）するとExcelファイルでも表示可能。

図82 Excel用Formsによるアンケートの作成手順

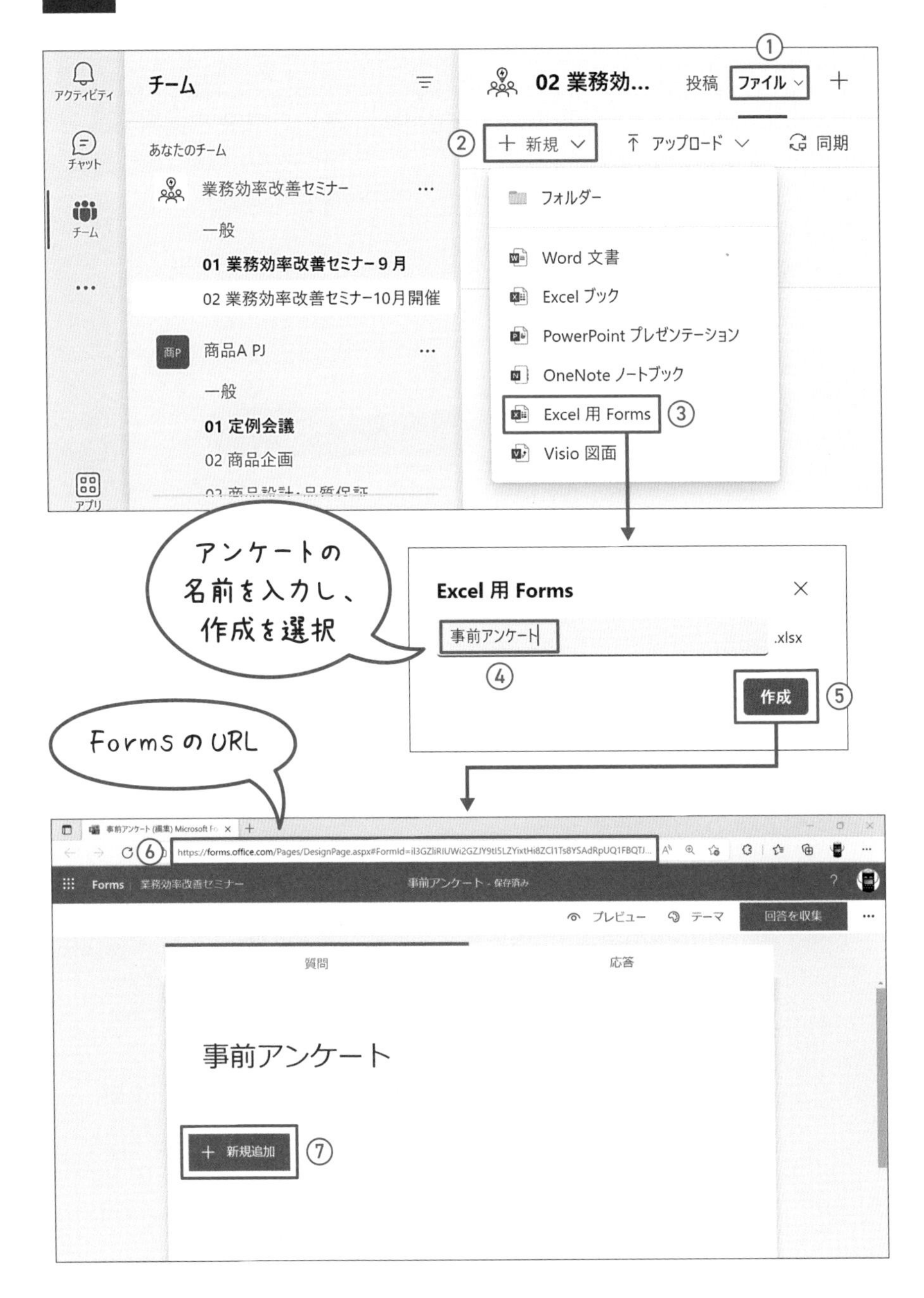

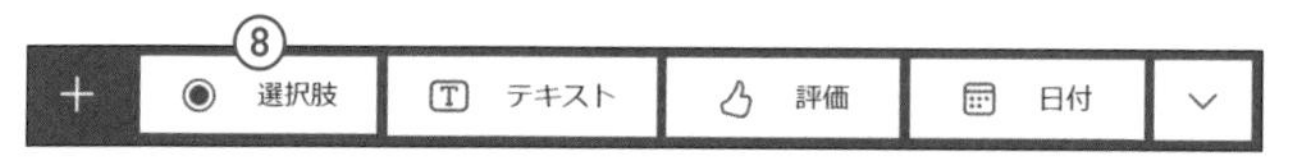
⑧
選択肢
テキスト
評価
日付

Forms
事前アンケート - 保存済み
⑩ プレビュー
テーマ
回答を収集
⑨
質問
応答
事前アンケート
拡大
https://forms.office.com
← 戻る ⑪
事前アンケート (プレビュー)
https://forms.office.com/pages/designpa...
プレビュー

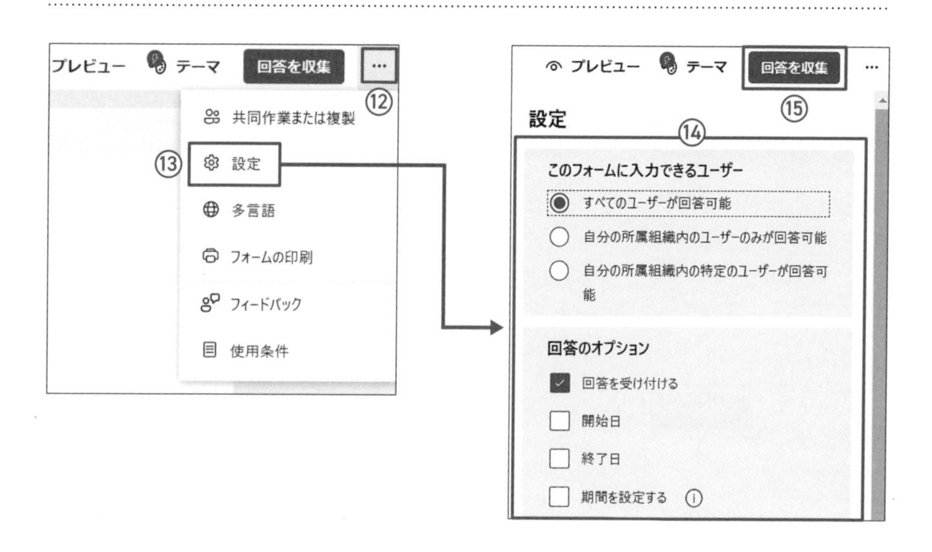
プレビュー
テーマ
回答を収集
⑫
共同作業または複製
⑬ 設定
多言語
フォームの印刷
フィードバック
使用条件
⑮
設定
⑭
このフォームに入力できるユーザー
すべてのユーザーが回答可能
自分の所属組織内のユーザーのみが回答可能
自分の所属組織内の特定のユーザーが回答可能
回答のオプション
回答を受け付ける
開始日
終了日
期間を設定する

URLの場合
プレビュー テーマ 回答を収集
回答の送信と収集
すべてのユーザーが回答可能
https://forms.office.com/Pages/Respon...
コピー
URL を短縮
URLのコピー
送信先: 名前、グループ、チャット、またはチャネル...
事前アンケート を完了するように招待されています、:完了するまでに 2 分かかります。:2022/11/9で回答を送信してください。::ありがとうございました。
Outlook Teams
送信
ここからもメール・Teamsに送信可能
QRコードの場合
プレビュー テーマ 回答を収集
回答の送信と収集
すべてのユーザーが回答可能
https://forms.office.com/Pages/ResponseP...
コピー
URL を短縮
受信者はスマートフォンやタブレットでコードをスキャンしてフォームにアクセスできます。
ダウンロード
QRコード取得

Forms
事前アンケート
保存済み
プレビュー テーマ 回答を収集
質問
応答 14
⑯
事前アンケート
14
応答
89:24
完了するのにかかった平均時間
アクティブ
状態
結果の表示
Excel で開く
⑰
1. セミナー内容は役立ちますか？
詳細
はい 165
いいえ 1
2. チャットに関する質問
詳細
はい いいえ
投稿の改行ができる。

Q8

メッセージの下書きや備忘録的なメモに活用できる機能はありますか？

A8

Teamsのチャット画面を開くと、チャットリストの最初に「自分の名前（あなた）」が表示されると思います（**図83-①**）。これは、2022年夏から追加された「自分自身とチャットする」という新機能です。

自分自身とやり取りするチャットルームとは、いわば「自分専用の備忘録」のようなもの。ちょっとしたメモや送信メッセージの下書き、作成したテンプレートなど、一旦保存しておいて後で確認したい文書や情報を残しておく“保管庫”として活用できます。

わざわざOneNoteを開くほどではないけれど、一時的にでも残しておきたいというときには重宝します。

図83 メモとして便利な機能

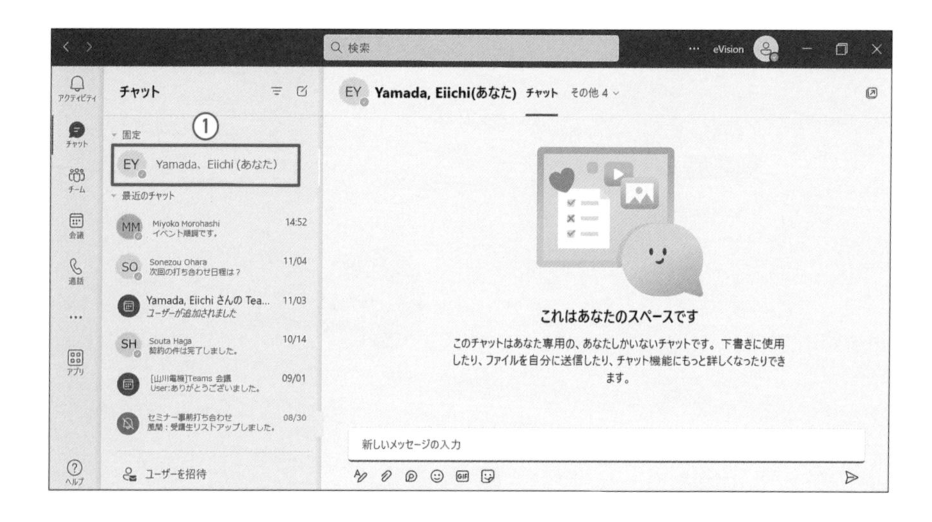

おわりに

今、ビジネスの世界は組織（チーム）においても"個"を尊重する時代です。所属チームのメンバーと、ときには社外の人とスムーズに連携、情報共有し、協働して成果につなげていく。個々の資質を活かしつつ、チームとしての一体感を醸成する「コラボレーション型組織」で最重要視されるのはフレキシブルでスピード感のあるコミュニケーションです。

そしてこの時代、Microsoft Teamsを活用した効率的な業務こそが、個を活かす時代のチームを成功に導くパスポートだと私は考えます。

Teamsの導入・活用はチームの最新のインフラ構築のようなもの。インフラが整ってこそ個々のメンバーは存分に能力を発揮できるのです。

ぜひみなさんも本書を活用して、Teamsによる"時代に適った"チーム作りに役立てていただきたく思います。

最後に、本書の執筆にご協力いただいた、小島さん、竹田さん、平野さん、清野さん、黒川さん、氏家さん、濱さん、今さん、入江さん、金子さん、加川さん、山川さん、諸橋さん、さいとうさん、宮本さん、浦さん、三浦さん、小野さん。また執筆を粘り強くサポートしてくれたダイヤモンド社加藤さん、ライターの柳沢さんに感謝します。

そして、本書を手にとってくれた方々、Teamsによる業務効率改善に共感してくれた方々、Teams活用を前向きに考え始めてくれた方々。みなさんにも心からの感謝を伝えたいと思います。

※私が実施しているTeams活用セミナーに興味がある、受講を検討したいという方はメールにてご連絡ください。無料相談を行っています。
【連絡先　eiichi.yamada@evisions.biz（無料相談希望と明記）】

2023年3月

ITワークスタイルコンサルタント　山田榮一

［著者］

山田 榮一（やまだ・えいいち）

eVisions代表　ITワークスタイルコンサルタント
福岡県出身。九州芸術工科大学卒業。1987年ソニーに入社し、テープコーダー・DAT（エヴァンゲリオンのシンジ愛用モデルのベースになったWMD-DT1）・ICレコーダーの発案と商品化に携わる。その後、R&D新規事業創出部門長・メディカル信頼性保証部門長を経験。2019年Microsoft Teamsによる業務改善手法を編み出し、150セミナー3502名にトレーニングした実績を持つ。2022年定年退職。その後 eVisionsを立ち上げ現在に至る。

ホームページ　https://evisions.biz/
連絡先　eiichi.yamada@evisions.biz

誰も教えてくれなかった！
業務効率改善のためのMicrosoft Teams活用術

2023年3月7日　第1刷発行

著　者　山田榮一
発行所　ダイヤモンド社
〒150-8409　東京都渋谷区神宮前6-12-17
https://www.diamond.co.jp/
電話／03-5778-7235（編集）　03-5778-7240（販売）

装丁･本文デザイン　岸和泉
編集協力　柳沢敬法
校正　鷗来堂
製作進行　ダイヤモンド・グラフィック社
印刷・製本　三松堂
編集　加藤貴恵

ISBN 978-4-478-11571-8